JN036858

プロレスラー、
ラーメン屋経営で地獄を見る

「してはいけない」逆説ビジネス学

川田利明

宝島
SUGOI
文庫

宝島社

文庫版のためのまえがき

体も店の経営もますますボロボロになった

2019年9月、この本の親本である単行本（『開業から3年以内に8割が潰れるラーメン屋を失敗を重ねながら10年も続けてきたプロレスラーが伝える「してはいけない」逆説ビジネス学』ワニブックス）を出版した。ラーメン屋を経営しているのに、「ラーメン屋は経営しないほうがいい」という内容の変わった本だから反響はあったし、「2ちゃんねる」の元管理人・ひろゆき氏が動画で褒めてくれたとも聞いている。

その動画では、将来はラーメン屋を経営したいという中学3年生からどういう経験を積めばいいかと聞かれ、ひろゆき氏はラーメンの作り方ではなく「経営を勉強しなさい」という返答をしていたらしい。

本当にそのとおり。この指摘はすごく正しい。

2010年6月、東京都世田谷区に「麺ジャラスK」をオープンした。今年（2

024年）6月で店を経営してから丸14年が経つ。このままいけば15年目に突入することになる。単行本を出版してから4年半経ったけれど、当時よりも俺の体は間違いなくボロボロになっている。

右膝は2002年の試合で大けがを負ってから古傷になっていたのだが、昨年からは元気だったはずの左膝も痛み出した。一日中ずっと立ちっぱなしの仕事だから、営業後に翌日の仕込みをして自宅に帰る頃には膝が痛くて曲げられない。おまけに坐骨神経痛で両脚全体がしびれているから、しゃがむのも一苦労な状態だ。

昨夏、アメリカのプロレス団体「AEW」のイベントに呼ばれ、久々に渡米した時に現地でかなり歩いたことがいけなかった。それで余計に悪化したね。まさか左膝も悪くなるとは思っていなかった。

体もボロボロの上に、売り上げも減った。単行本を出版した翌年、2020年春には新型コロナウイルスの感染拡大に見舞われた。お客さんの数自体も激減したし、感染防止のために20席あったテーブルのレイアウトを変えて8席に減らしたから、売り上げは単純計算でも3分の1になった。ランチ営業ではメニューをラーメンと唐揚げに絞るなど仕入れの量を抑えても、経営はいよいよ厳しくなった。

特に夜はお客さんが来ない。だから、開店当時は深夜2時までだった営業時間は段階的に切り上げていった。最初は21時をラストオーダーにして22時閉店に。そして今は20時30分をラストオーダーにして21時には店を閉めている。

うちだけじゃなくて、多くの飲食店では、新型コロナの時期にしていた「早じまい」を今も続けているのではないだろうか。コロナの影響は間違いなく今も尾を引いている。

昨年からは物価が高騰して、食材の仕入れ値が全部値上がりした。輸入品は特に高くなったし、ものによっては倍の値段になった。揚げものに使う油も倍ぐらい値上がりしたから、看板メニューの唐揚げにも工夫が必要になる。本当はいつも同じような商品を提供したいけれど、ハンバーグ風唐揚げやメンチ風唐揚げにしたりと知恵を絞っている。

でも、どんどん仕入れ値は上がっていく。この物価高の中で、ラーメン屋はみんな工夫のしようがないからたくさん潰れているんだと思う。電気、ガスの光熱費も上がって、うちの店も固定費は２０２０年以前と比べると、１・５倍にはなっているね。

両替の手数料も高くなった。銀行で10円硬貨を500枚両替するのに400円もかかるようになり、なるべく10円硬貨が出ないようにメニューの料金を改定させてもらった。たとえば、看板メニューの「カレー白湯ら〜めん」は以前は普通盛りが850円、大盛りが950円だったけれど、大盛りを標準にして1000円にした。小銭の両替が経営に影響するなど、開業当初は露ほども思っていなかった。

開店以来、もっともお客さんが少ない状態に

昨年5月に新型コロナが5類感染症に移行し、少し客足が戻ってきたかなと思っていたけれど、今年1〜3月の客数は新型コロナの時期よりもさらに減った。新型コロナの影響で夜にお店でお酒を飲む習慣がなくなったことも原因のひとつかもしれない。数人のグループで来るお客さんが減ったからね。お客さんが来たとしても、新規の場合はランチ営業中に来ることがほとんどだし、夜は常連さんだけ。開店から14年目が終わろうとする今、もっともお客さんが少ない状態かもしれない。

夜になってもお客さんが来てくれる店があるとしたら、それは駅近の店だけだ

と思う。やっぱりうちは立地の悪さが響いた。

「麺ジャラスK」は成城学園前駅から徒歩12分の距離にある。この店を始める前、この場所にはラーメン居酒屋が入っていた。そこもパッとしなかったから空テナントになっていたわけだ。お客さんが来ないことは店を始める前からある意味、確定していたのだけれど……。このテナントを選んだ経緯は本文に詳しく書いてある。このテナント選びが間違いの始まりだったわけだが。

14年間経営する中で、この近所ではいろいろな店が次々と消えていった。なくなりそうにない大手牛丼チェーン店がまず消えた。そこは何店舗も店が変わり、あとから入った宅配寿司もバイクがいつも待機している状態だった。いつ潰れるかと思っていたら、新型コロナの影響で流れが変わり、逆に繁盛するようになって今も生き残っている。しかし、近所の大手チェーンのコンビニは消えた。跡地には大手の中古バイクチェーン店ができたけれど、今は中古車店になっている。もう、「運」だと思うね。新型コロナで他の飲食店が閉店を余儀なくされている中で、いつ潰れるかという状態だった宅配寿司が繁盛する。わからないもんだよ。

最近では二郎系といわれるラーメン店ができた。近くに日本大学商学部があるから学生たちがよく並んでいる様子を見かける。ライバル出現でうちの店の売り上げが減ったかといえば、まったく関係ない。うちには、もともとお客さんがそんなに来ないから減りようがない。

売り上げアップの策は……ない。うん、ないね。最大の要因は、ラーメンは単価が低いことにある。

たとえばプロレス関係の店では、ステーキ店「リベラ」ならステーキ一品で数千円は取る。田上明のステーキ居酒屋「チャンプ」だって、ひとりあたりの単価はラーメン屋の比ではないだろう。

ラーメン一杯の価格は「1000円の壁」とよくいわれるように単価を高くできない分、数を売らなければならない。一杯の価格を高く設定できるとしたら、やはり立地のいい店に限られる。数年前にオープンした環八沿いの店は普通のラーメンを700円くらいで始めたのだけれど、最近はそれが1200円、チャーシューを入れたら1600円ぐらい取っている。それでも、行列ができているんだよ。

うちは立地が悪い上に、今はお客さんが来ないのだから救いようがない。じゃあ、単価が高いメニューに変更すればいいのかというと、高ければもっとお客さんは来なくなる。

逆風ばかりの14年間

思えば、俺にはいつも逆風が吹いている。

最近も、店の横に借りていた駐車場3台分のうち1台分を大家さんに返したけれど、駐車場代はなぜか5分の1しか安くならなかった。

店を始めた時もそうだった。最初はいろんなことがうまく回らないだろうから宣伝をしないでひっそりとプレオープンさせて、ルーティーンを決めて、落ち着いてから正式なオープンにしたかった。ところが高木三四郎がネットにフライングで「麺ジャラスK」のことを書いてしまったから、お客さんがたくさん来てテンヤワンヤな状態になってしまった。

それでもオープンしてから1年くらいはお客さんが次々と来てくれて、お金がかかる食材もバシバシ仕入れていた。最初は車とか貯金とか、資産があったから運転資金につぎ込んでいけた。

ところが、オープンから1年も経たない2011年3月に東日本大震災が起きた。当日は店の前の世田谷通りに、歩いて自宅へ帰ろうとする人たちがたくさんいて、「水を分けてくれませんか?」「携帯電話、充電させてくれませんか?」と〝避難所〟になっていたことを思い出す。もちろんその後、お客さんの数は激減した。

3年くらいかけて売り上げをオープン当初の5割まで戻し、2015年頃には7割くらいまで回復することができた。俺はこの店に関して大きな借金をしたことはない。でも、持てる資産は次々に運転資金につぎ込んでいかなければいけなかった。

厨房機器は割賦で支払っていたけれど、払い終わった頃に壊れるもの。月々のメンテナンス料も高い。飲食店は固定費が予想以上にかかる。

飲食店でいちばんいい働きをしてくれるのは券売機と食洗機だけど、券売機は500円硬貨が刷新されるたびに付属の機械を交換しなければいけない。今年の秋には新札が出るから券売機も現状では使えなくなる。この券売機だって軽自動車1台が買える値段だからね。他のラーメン屋ではカウンターに置けるような小さな券売機が目立つようになったけれど、あれだって安いといっても、おそらく50万~60万円はするだろう。

以前は2カ月に一度は店でイベントを開いていた。だが、新型コロナの感染拡大が始まってからそれもできなくなった。定員20人のイベントでもチケットが売れ残ったことはなかったんだけどね。

最近はトークイベントなどに呼んでもらえる機会が増えた。そのギャラで店の赤字を埋めている状態だ。

還暦を迎えて思うこと

「店を始めたことを後悔していないか」と聞かれることがある。後悔はしていない。プロレスラーを引退してはいないけれど、しばらく試合をする気になれない中で、やることとなかったからね。

あのままリングに上がり続けていたら、ものすごい大ケガをしていた可能性もあるし、体を酷使し続けていたら今以上に体はボロボロになっていたと思う。

1980年代のはじめ、俺と一緒に全日本プロレスの合宿所にいたメンバーは次々と亡くなった。冬木弘道さんは2003年にがんで亡くなり、三沢光晴さんは2009年に試合中の事故で他界した。2022年にはターザン後藤さんも病気で亡くなったから、もう越中詩郎さんと俺しか残っていない。

こんなラーメン屋であっても、いい時期にプロレスの第一線から退いて、店を始めてよかったとは思う。越中さんのように田舎暮らしを満喫しているほうが、長生きできるのかなと考えたこともあるよ。でも、店を始めたから生きていられるのだと感じている。

ただ今は、楽しみがない。営業が終わった夜中や店の定休日に翌日用の仕込みをして、家に帰ったら少し晩酌をして寝る。それ以外、まったく楽しみがないと言っていい。

開店から14年経って、つぎ込める資産はもう何もなくなった。高級な食材は使えなくなったけれど、うまく店を回せるようになった……というか、回さないといけないからね。なるべくコストを抑えて、「みんなに楽しんでもらえるもの」を作るように心がけている。

俺も昨年12月で60歳になった。60歳というと、昔はものすごいおじいちゃんというイメージじゃなかった？　俺は還暦だからと赤いちゃんちゃんこは着たくないし、年齢のことはあまり言いたくない。

年を重ねて髪の毛は細くなった。でも白髪にはならないんだ。小橋建太から「白髪がない人はハゲるはずなんだけど」と言われたから、「ハゲてたら白髪かどうかすらわからないだろう」と言っておいた。

50歳を過ぎてから年々、体にガタがきている。だから、60歳でリングに上がっていたジャイアント馬場さんは本当にすごいんだよ。当時の俺に思いっきり蹴られながらも、60歳という年齢で、しかもあの大きな体で試合をしていたことを改めてすごいなと思うようになった。

あんなにすごい人はいないと思うくらい、馬場さんは本当に運動能力が高かった。運動能力が高い人は球技が得意。馬場さんは元プロ野球選手だし、ジャンボ鶴田さんもバスケットボール出身だからね。

あと5年続ければ店は20周年。でも、そこまでは続かないような気がしている。まず、お金がもたない。そして体ももたない。ただ、やめるにもお金がかかる。

よく「やめないで、やめないで」と言う人がいるけれど、そういう人ほど店には来てくれないものだ。それはたしか、居酒屋を経営していたキラー・カーンさんも言っていたような気がする。昔大阪に〝年中閉店セール〟の靴店があったじゃない？　俺も「エンドレス閉店セール、やろうかな」と思うくらいだよ。

赤字じゃなかった年なんかないからね。でも、人と触れあうことが好きな人には、この仕事もいいかもしれない。俺も、わざわざ会いに来てくれるお客さんがいると「やっていてよかったな」と思うことはある。この前は10代のお客さんが来てくれた。ＹｏｕＴｕｂｅを見て俺のことを知ったり、子どもの頃に試合を見ていたという若いファンが来てくれた時は嬉しかった。

でも、俺はこの商売が自分に合っていると感じたことはない。

今もずっと思っている。ラーメン屋は絶対にやらないほうがいい、と。

２０２４年４月　川田利明

はじめに

プロレスラーの俺が東京都世田谷区に「麺ジャラスK」というお店を構えたのが2010年6月のこと。早いもので今年（2019年）、開店から10年目を迎えた。

飲食店の経営は非常に難しいからだろうか。あるいはプロレスラーのラーメン屋がもの珍しいからだろうか。これまでも「本を出してみませんか？」という話はあったけれども、すべて断ってきた。理由は簡単だ。店は丸10年近く続いているけれど、ぶっちゃけ、成功しているとは言いがたいからだ。「成功していない経営者が書いた本なんて、いったい誰が読むんだ？」というのが正直な気持ちだった。

ところが今回のオファーは「失敗したこと、上手《うま》くいかないことを書いてもらいたいんです」という変わったもので、「脱サラをしてラーメン屋を目指す人たちが読んで、反面教師的に参考になるビジネス本にしたい」という。プロレスラーとして失敗や挫折を繰り返しながらトップに昇り詰めた俺の生き様とも重なるそうだ。

たしかに「俺はこうしてラーメン屋で成功した」なんて本は書けない。でも、テレビなどで見かける「サラリーマンから行列のできるラーメン屋に華麗なる転職！」みたいな話は、本当にひと握りしか存在しない夢のようなケースであって、さまざまな幸運にも恵まれないと、あんなことにはならないよ……ということは、この10年の実体験で身に染みてわかっている。

世の中には起業したい人のためのガイドブックやノウハウ本は山ほど出回っている。ラーメン屋を開業したい人に向けた本もよく見かける。さすがに俺も店を出す前に何冊かは目を通したけれど、内容は成功談や美談ばかり。とにかく、「儲かりますよ」「行列はすぐにできますよ」など、いいことしか書いていないんだ。

ここで、ひとつだけ言いたいことがある。

そういう本を読めば、オープンするまでの流れはざっくりわかるし、必要最低限のモノやお金のことも大まかにだが摑める。

しかし、希望に燃えて起業しようとしている人たちが読む本だから、あまり厳しいことは書かれていない。本を読んでやる気がなくなってしまったらノウハウ本を出す意味なんかないんだろうし、それはそれで正しいことなんだろうけど、実際に店をオープンしてみたら「こんなこと、どこにも書いてなかったぞ！」というトラブルやアクシデントがオーバーではなく、毎日のように発生する。

当たり前のことだけど、初めて店を出す人は誰でも「初心者」だ。チェーン店のフランチャイズに加盟するのであれば、逐一、本部からフォローが入るんだろうけど、個人経営の場合、自分でどうにかしなくてはならない。

ネットで調べるとか、知り合いに教えてもらうとか、いくらでも対処法はあるんだろうけど、営業時間中に何かが起こったら、調理や接客をしながら対応しなくてはいけないわけで、そんな悠長《ゆうちょう》なことは言っていられないのだ。

そういうことを思い返すと、たしかに「こんな大変なことが起きるよ」とか「常識では考えられないような出来事がしょっちゅう発生するよ」と注意喚起する本が、この世に一冊ぐらいあってもいいんじゃないか、と執筆に前向きになった。

大成功した人の本を読めば、少なからず参考にはなるだろうけど、本を読んだだけで店の前に行列ができるんだったら、日本中のラーメン屋はすべて大繁盛店になっている。ごくごく一部の人しか味わえない成功談を読むよりも、ラーメン屋を経営していく苦労話のほうが多くの人の役に立つんじゃないかな？

俺は成功談よりも失敗談のほうに価値があると考えているし、失敗は何よりの参考書でもあると思う。「失敗した人間のエピソードなんて役に立たない」と感じるかもしれないけれど、俺の場合、本当に上手くいかないことの連続ではあったけれども、なんとか店を続けることができている。きっと俺の苦い経験から得るものはあるはずだ。こんなビジネス本があってもいいんじゃないかな。

利益だけを見ると、とても成功しているとは言えないけれど、まだ負けちゃいない。その「闘い方」も、この本では書いていきたいと思う。

本文が始まる前から、こんなことを書くのもなんだけど、この本を読んで「こんなに大変なら、やっぱりラーメン屋になるのはやめよう」と思ってくれる人がいてくれたほうが、俺はいいと実は思っている。

こんなに成功する確率が低いビジネスに、人生を賭けてチャレンジするなんて、本当に無謀なこと。チャレンジというより、これはもうギャンブルだからね。

じゃあ、なんでお前はラーメン屋を始めたんだ、と言う方もいらっしゃるかもしれないけれど、俺はラーメン屋を始めるつもりなんてまったくなく、いろんな偶然が重なって、たまたまラーメン屋をチョイスしただけの話。そんな俺の特異な人生を振り返りながら、まずは話を進めていこうと思う。

目次

第2章　ラーメン屋は四天王プロレスばりに過酷な世界だった！

第3章 そして、俺はベンツを3台、スープに溶かした……

第4章 個人経営店の難敵！ ラベリング効果と大手チェーン店の奇策

カバー・帯デザイン／金井久幸（Two Three）
本文ＤＴＰ／一條麻耶子
本文写真／タイコウクニヨシ
共同通信イメージズ

第1章

「デンジャラスK」が「麺ジャラスK」に“転職”した理由

セカンドキャリアなんて一度も考えたことがなかった

いまだにいろんな人からこんなことを言われる。

「川田さんは、プロレスを辞めたあとのセカンドキャリアとして、やっぱり早い段階から〝ラーメン屋さんになろう〟と計画していたんですか？」

たしかに1990年代の全日本プロレスのリング上で俺たちが展開していた「四天王プロレス」は……三沢光晴さん、田上明、小橋建太たちとは……まさに命を削るようにして、連日、日本全国をサーキットしながら、熱戦を繰り広げてきた。

いつか大ケガをしてリングに上がれなくなってしまうかもしれない闘いをやってきたわけで、「たしかに早い段階からセカンドキャリアについて真剣に考えるべきだったのかな」と今になって思う。

そもそも、プロレスラーには引退後の明確な道筋がない。

たとえば、結果を残したプロ野球選手だったら、コーチとして球団に残るか、テレビやラジオの解説者という、現役時代の経験をそのまま活かした「第2の人生」を引退した次の年から歩み始めることができる。

大相撲の世界では、番付の上位まで上がった力士は親方として部屋を率いることもできるし、上位に行けなかった力士ほどちゃんこ当番が長いから、ちゃんこ屋をオープンして、番付以上に成功している人もたくさんいる。部屋では毎日、ちゃんこを作ってきたわけで、その経験値がセカンドキャリアに反映されていることになる。

ただ、プロレスラーにはそこまで明確な「第2の人生」が業界内で確立されていない。だから、いきなり大ケガをして、そのままフェードアウトしてしまう選手も少なくないし、引退とカムバックを繰り返す選手が多いのも、そのあたりに原因がある。

そうやって考えれば考えるほど、メインイベンターとして闘っているうちから、セカンドキャリアの準備をしておくべきだったのかな。

でも、現実を書けば、俺は全日本プロレス時代に引退後のセカンドキャリアについて考えたことなど、一度もなかった。

オーバーな話ではなく、そんなことは一秒たりとも頭に浮かんだことがない。というか、その日の試合のことだけで頭がいっぱいで、引退後の人生どころか、明日のことを考える余裕すらなかった。それだけの覚悟を持って試合に臨んでいたのだ。逆に引退後の人生を考えているレスラーなんて大成しない。

もちろん、セカンドキャリアについて、早くから考えることは決して悪いとは思わないけれど、今の仕事に真剣に取り組んでいるのであれば、そんな先々のことを考えている余裕や余力なんてどんな業種でもないいんじゃないかな？

どこかに「この仕事を辞めて、とっとと転職しよう」という考えがあったら、目の前の仕事に全力を注ぎ込むことはできないし、そんな人が別の仕事を始めても、はたして結果を残すことができるだろうか？

多くの人が今の仕事に不平や不満を持っているからこそ転職を考えるわけだから、まぁ、そうなっても仕方がないとは思うけれど、もうちょっと、今の仕事に全身全霊を傾けて向かい合ったら、また違った未来のビジョンが見えてくるんじゃないかな。俺はそう考えてしまうし、その過程を踏まずに「脱サラしてラーメン屋になりたい」と考えている人には、本のしょっぱなから申し訳ないけど「そんな軽い考え方じゃ、どうせ上手くいかないいんだから、やめたほうがいいよ」と言いたい。

俺が店を出そうと考えたのは、2009年初夏のこと。実際に店を出すちょうど1年前の話で、詳しくはあとで書くけれど、俺の人生を大きく揺さぶる出来事に直面して、初めてプロレス以外の仕事について考えたんだ。それまではプロレス以外で食っていくなんて思いもしなかった。

ひとりで厨房を回す術は高校時代に身に付けた

プロレスラー・川田利明を知ってくれている人からすれば、俺が飲食店を経営し、厨房《ちゅうぼう》に立ち、さらには接客までするという仕事を始めたことは、ものすごく意外だったようだ。現役時代はぶっきらぼうで不器用なキャラを演じていたからね。

でも、俺にとって、これは「必然」だった。

というよりも、何かを始めようとなった時、すぐに頭に浮かんだのが料理人。なぜならば、高校生の時からずっと料理を作ってきたから。いや、正確に言えば「作らされてきた」んだけど、この経験を活かして、何か始めることはできないかな、と考えるのは、俺にとってごくごく自然なことだった。

俺は足利工業大学（現・足利大学）附属高等学校の出身。

アマチュアレスリングの強豪校で、知っている方も多いと思うけれど、俺のひとつ上の先輩には三沢光晴さんがいた。そして、これは運命のいたずらというか、本当にタイミングの問題なんだけど、三沢さんの代までは、県の取り組みとしてアマレスがかなり強化されていた。地元・栃木で国体が開かれるので、何がなんでも好成績を残そう、という空気になっていたのだ。

ところが俺が入学する時には、もう国体も終わっていて、そういう特別なムードはなくなっていた。学校としても、もう寮生なんていらない状況になっていたから、1年生で寮に入っていたのは、なんと俺ひとりだけ。あとは全員、先輩になるので、雑用はすべて俺がやらなくてはいけなくなった。

そこで料理、ということになる。毎日、朝と夜、先輩たちが食べる料理を俺が作らなくてはいけなくなった。

これは本当にキツかった！　それまで家で料理を作ることなんてなかったし、何よりも朝の練習が始まるのが早朝5時だから、基本的に毎朝4時に起きる生活。

朝の練習が終わると、すぐに買い出しに出かけて、先輩たちの朝食を作っておく。三沢さんの同級生にひとり手伝ってくれる先輩はいたけれど、本来は兄貴気質の三沢さんも「俺は料理に興味がない」と一度も手伝ってくれなかったので、ほとんど自分ひとりでなんとかするしかなかった。

夜は鍋にすることが多かったけれど、さすがに朝から鍋というわけにはいかないので、毎日、とりあえず米を炊いて、味噌汁を作って、あとはとにかく店で買ってきたものを煮たり、焼いたり、揚げたりして献立《こんだて》を組み立てていった。ひたすら練習に明け暮れて、その合間に料理を作る日々。正直、授業を受けている暇なんてなかった。"スポーツ強豪校あるある"といえるだろう。

さっき、「運命のいたずら」と書いたけれど、もし、俺が1年早く生まれていたら、アマレスの強化期間と重なっていて、同期の寮生もたくさんいたはずなので、こうやってひとりで毎日、大量の料理を作ることなんてなかっただろうし、プロレス以外に何か仕事を始めようとなった時にも、飲食店という選択肢はきっと出てこなかったんじゃないかな、と思う。

やるとしても「川田利明の店」という看板だけ……つまり名義貸しだけで、自分が厨房に立つことは間違いなくなかっただろうし、理由はあとで詳しく書くけれども、そうなっていたら、俺はオープンしてすぐに店を潰していたと思う。

とにかく、高校時代の経験が今に活きている。だから、プロレスファンからしたら意外すぎる転身かもしれないけれど、俺にとっては、まっさきに頭に浮かんできた選択肢だったわけだ。

全日本プロレスの道場に「レシピ」は存在しなかった

高校卒業後、俺は「全日本プロレス」に入団する。先輩だった三沢さんがすでに入団していたので、そこでも高校時代からの関係性がずっと続いていくことになる。

そして、また料理の日々、である。

いちばん下《した》っ端《ぱ》の俺は当然「ちゃんこ番」に任命されるわけだけど、驚いたことに、「お前がちゃんこを作れ」と言われるだけで、誰もちゃんこの作り方を教えてくれなかった。大相撲の世界では、その部屋独自のメニューが代々にわたり受け継がれていて、塩・味噌・醤油など部屋の特徴が味に出ていたりするものだけれども、全日本プロレスには秘伝のレシピもなければ、受け継がれている技術もなかったのだ。

幸いにも高校時代の経験があったし、料理をすることには慣れていたけれども、今度はプロの世界である。消費される量もハンパないし、大人たちが食べるわけだから、それなりに旨くなくてはいけない。ここが高校時代との大きな違いだ。

よく「ちゃんこ鍋なんていうものは男の料理。ダイナミックに具材をブチ込んで、でっかい鍋で煮込めば、それっぽい味になる」と言う人がいる。たしかにそれは間違いではない。でも、そんな中途半端なものを出したら「てめぇ、なに適当な料理を作ってんだよ、コノヤロー！」と鍋ごとひっくり返されそうな緊張感が漂っているのがプロの世界だ。当時は体の大きくて怖い先輩レスラーがたくさんいたので、そこは気を遣って、何度も味見をしながら作らなくてはならなかった。

ただ、レシピもノウハウもない。さすがにこれは困ったなぁ、と思っていたら「俺も一緒にやってやるよ」と声をかけてくれた先輩がいた。のちに「フットルース」というタッグチームを結成することになる冬木弘道《ひろみち》さんだった。

冬木さんは俺が入団する何カ月か前に国際プロレスから移籍してきていて、プロレスのキャリアでは3年ぐらい上になる。本当だったら手伝ってもらうことなんてできないいんだけど「いいんだよ、俺、料理が好きだから」と買い出しにも一緒に行ってくれて、おかげで俺はノウハウを学ぶことができた。

もしあの時、冬木さんが手伝ってくれなかったら、俺は練習の厳しさよりも先に、ちゃんこ番の大変さが嫌でプロレスの世界から逃げ出していたかもしれない。

練習生が裸足で逃げ出すハードすぎる練習メニュー

当時、全日本プロレスの寮に入っている若手レスラーはそんなに多くはなかった。ただ、道場には毎日、先輩レスラーたちが練習をしにやって来る。その人たちは全員、練習後にちゃんこを食べていくから、本当に大変だった。

俺が若手だった1980年代前半は、だいたい4週間から5週間のシリーズ（地方巡業）があって、そのあとに2週間から3週間のオフがあった。それを1年間で8回、繰り返すのが基本的なスケジュール。そのオフの期間は、先輩たちが毎日、道場にやって来て練習をする流れだ。

プロレスファンの間では、なんとなく「道場での練習は全日本プロレスよりも新日本プロレスのほうが厳しかった」というイメージというか幻想がいまだに根強いみたいだけど、俺に言わせれば、そんなことは絶対にない。

全日本プロレスの練習はめちゃくちゃキツかった！

俺はいちばん下っ端として、約3年間、ちゃんこ番を担当した。つまり、3年間も後輩ができなかったことになる。もちろん入門してくる若者はたくさんいるんだけど、練習が厳しすぎて、みんなすぐに逃げ出してしまう。それこそ初日や2日目で逃げ出してしまうケースが多かった。「こんな練習がこれから何年も続くのか」と考えたら、そりゃあ、嫌になるよ。

さっきも書いたけど、当時の全日本プロレスには体の大きいレスラーがたくさんいた。190cm前後が当たり前の時代だったからね。まずはそのデカい先輩ひとりひとりとスパーリングをやらされる。もうね、上に乗られるだけでもキツいんだよ。しかも、道場のリングは受け身を取りすぎて、マットが外に広がってしまい、リングの真ん中はほぼ板がむき出しの状態。そこで先輩たちにこれでもかと投げつけられる。

それで終わりじゃなくて、それがスタート地点。そのあとにスクワットとか腕立て伏せとか、いわゆる基礎体力トレーニングが始まる。新日本と比べて、全日本の新弟子の定着率が悪いのは、その練習メニューの厳しさにあるんだけど、俺は練習自体をキツいと思ったことは一度もなかった。

何より大変だったのは、これだけの練習をやってヘトヘトになってから、ちゃんこを作り、あと片付けをし、道場の掃除もすること。そういった雑用のほうがよっぽどキツかった。なにせ3年間も下っ端の時代が続いて、なんでもかんでもひとりでこなさなくちゃいけなかったから、逆に精神面ではかなり鍛えられたような気がする。

おもてなしの精神が生み出した禁断の「カレーちゃんこ」

そんなしんどい思いをしながら、毎日、ちゃんこを作ってきたけれども、曲者《くせもの》ぞろいのベテラン選手たちは、美味《おい》しくない時には「まずい！」と激怒するのに、どんなに自信がある料理を出しても「旨い！」とは褒めてくれなかった。

自分で味見もして、手応えがある料理にもノーリアクションだから、最初は「あれ、俺の舌がおかしいのかな？」と不安にもなったけれど、いつしか「なんにも言わずに帰った時は、きっと美味しかったんだな」とポジティブに受け取るようになった。実はこの考え方は今でも同じだ。

「美味しかった、ごちそうさま！」

そう言ってくれるお客さんは、本当に少ない。腕に自信のある人が起業したら、まずは、ここで気持ちが折れてしまうんじゃないかな？　自信満々に提供した料理を無言で食べて、無言で帰っていかれたら「あれっ、あんまり口に合わなかったのかな？」と落ち込んでしまう。それがこの世界における「プロの洗礼」だと思う。俺だって、いまだに寂しくなるぐらいだからね。

幸い、俺には全日本プロレス時代の経験があるから、何も言わないで帰ってしまっても、どんぶりの中身が綺麗になくなっていると、「きっと美味しく食べてもらえたんだな」と勝手に脳内で変換するようにしている。

全日本プロレスでのちゃんこ番時代に話を戻すと、いつしか「まずい！」と怒鳴られることもほとんどなくなったので、毎日、料理を作り続けることで、腕前は上がっていったんだろうな、と手応えは感じていた。

そうなってくると、徐々に「じゃあ、もっと美味しい料理を作ろう」という気分になってくるから不思議なものだ。

ちなみに、これだけやって当時の月給は5万円。そこから源泉が引かれて4万5000円。だからできる限り、雑用のことは考えたくなかったのに、どんなに疲れていても、どんなに眠い時でも、頭のどこかでは「あの食材にこんな味付けをしたら、どうなるだろう？」みたいなことを考えるようになっていた。

いつのまにか、それがどんどん具体的になってきて「あの調味料の比率をちょっと変えてみたらどうなるのかな？　ちょっとずつ変えていってみよう」とか「どうすればもっと美味しくなるだろう」という探究心も芽生えてきた。誰ひとりとして「美味しい」とは褒めてくれないけれど、気が付いたら自分の中に「おもてなし」の精神が生まれていた。それが現在の俺の原点になっているのかもしれない。

その結果、俺が長い全日本プロレスの道場の歴史の中で初めて開発したオリジナルメニューがある。

それは「カレーちゃんこ」だ。

今では決して珍しくないメニューだし、むしろ定番といってもいいかもしれないけれど、当時はどこでも食べたことがなかったし、初めて道場で出した時には、先輩レスラーたちも「えっ？」という反応だった。

よく覚えているのは天龍（源一郎）さんが、「おいっ、豆腐が黄色いじゃないか！　えっ、カレー味なの？　俺の目がおかしくなったかと思ったよ」と驚いていたこと。ちょっとばかり時代を先取りしすぎたメニューだったのかもしれないけれど、鍋はあっという間に空っぽに。それ以降、カレーちゃんこは定期的に全日本プロレスの道場の食卓を飾るようになった。

そうそう。雑用がツラいと思った裏には、ちょっとした事情もあった。ライバル団体の新日本プロレスでは、「ちゃんこ番の選手はその日の練習を免除される」と耳にしたからだ。新日本は若手の数が多いから、ちゃんこ番も当番制で、同じ練習生が毎日、作っているわけではない。それを最初に聞いた時には、あまりの環境の違いに「あぁ、うらやましいなぁ～」とも思ったものだ。ガンガン練習をして、ガンガン食って、体をデカくすることは若手にとって大事な仕事。それを雑用に邪魔されることなくできる環境は本当に恵まれているよな、と。それがツラさに拍車をかけたよ。

そのうち、「新日本プロレスの道場にはちゃんこを作るためだけに、本物の料理人が常駐するようになった」と聞いた時には、ちょっと腰を抜かしたね。決して「全日本が新日本に劣っている」なんてことは考えていなかったけれど、そういうシステム面では、遥かに新日本のほうが先を行っていたのは間違いない。

実は俺、中学を卒業した時に新日本プロレスの入門テストを受けて合格している。とりあえず高校を卒業してから、ということで入門は先送りしたのだが、もし、あのまま新日本に入っていたら、きっと料理とは無縁の人生を送っていたことだろう。

え、高級和牛をちゃんこに？食材には「適材適所」がある

カレーちゃんこを編み出した俺だけど、単純にカレーが好きだから、ちゃんことミックスさせてみました、という話ではない。

いや、むしろ俺は、カレーライスはそんなに好きじゃなかった。それも、よく家庭で出てくる欧風カレーは好きではなく、スープ系やインド系のカレーのほうが好みだった。だから、自分が好きなもの、自分が食べたいものを作るんじゃなくて、毎日、似たような献立ではみんな飽きるだろう、という発想から「カレー風味のちゃんこ鍋はどうだろう？」と考え出したのだ。

ちゃんこ番を長く担当したことで、誰かに美味しいものを食べてもらう、という気持ちが自然と自分の中に定着してきたんだろうね。それが現在の仕事につながっているわけだから、人生、本当にどこでどうなるかわからない。

ちゃんこを極めようとするうちに、食材についてもいろいろ調べるようになった。ある日、三遊亭楽太郎師匠（六代目・三遊亭圓楽）が高級な霜降り和牛を大量に持って、道場に遊びにきてくれたことがあった。師匠は天龍さんの中学時代の同級生で、俺たち若手にもすごくよくしてくれた。

豪快な差し入れにみんな大興奮して「よし、全部、ちゃんこに入れちゃえ！」と鍋に投入する。先輩たちのやっていることだし、とにかく、みんな楽しそうにしているので、俺は何も言えなかったけど、「あーっ、もったいない！　これだけいい肉なんだから、しゃぶしゃぶとかで食べたほうが絶対に美味しいのに。こんなに高い肉をちゃんこに入れて、煮込んじゃうなんて……」と心の中で絶叫していた。

テレビを見ていても、そういうところばかりが気になってしまうようになった。よく「安い肉を家庭で美味しく料理する方法」とかを紹介しているけれど、そこで使っている肉はどう見ても、スーパーの特売で買ってきた安いものではなく、間違いなく高級なもの。スタッフがテレビ映りを考えて、高い肉を用意しちゃったんだろうけど、テレビに向かって「そんないい肉を使ったら、誰がどう料理したって美味しくなるよ！」とツッコミを入れたくなってしまう。

俺は買い出しから任されていたからこそ、そういう細かいところまで気になるようになったんだろう。目利きとまでは言わないけれど、食材の「適材適所」については、かなりわかるようになっていった。

利益を出す必要がないちゃんこ番と飲食店の予算管理は比較にならない

「買い出しも自分で行った」と書いたが、もっと言えば、お金の管理というか、実は予算のやりくりも俺が任されていた。

シリーズのオフに入る時、会社から「ちゃんこ銭」というものが支給される。オフの長さによって金額は変わってくるけど、その予算の中でなんとかやりくりしていくのも、ちゃんこ担当の大事な仕事だった。

この話をすると「じゃあ、新弟子時代からお店を経営するシミュレーションができていたようなものじゃないですか？　予算の管理から買い出し、そして新メニューの開発。当然、毎日、厨房に立って味の研鑽もするわけでしょ？」とよく言われる。たしかにそう捉えることもできるけれど、根本的にはまったく違う、と俺は思っている。なぜならば、ちゃんこ番では利益を出す必要がないからだ。

予算の中でやりくりをすることは大切なので、もちろん赤字を出さないように努力はしてきたけれど、万が一、オーバーしてしまった場合は、とりあえず自分で立て替えておいて、その領収書を集めておく。あとで会社にまとめて提出すると精算してもらえたので、そこまでシビアな話でもなかった。

さっき食材の話をしたけれど、「いかに予算内でボリュームがあって、美味しいものを作るか」ということを考える上では勉強になったけれども、儲けなくていいんだから、ビジネスの参考にはならない。

結局のところ、俺たちは全日本プロレスという会社に守られていたわけだ。会社という母体があって、そこからお金を支給してもらい、赤字が出たら補塡《ほてん》もしてもらえる。この感覚で起業したら絶対に半年ももたない。

俺が脱サラをしてラーメン屋を起業しようと考えている人に対して「絶対にやめたほうがいい！」というのは、そういうことなんだ。

ほとんどの人が「会社に守られている」という感覚があまりないと思う。特に1990年代を経験してきた人たちは、なんか自分が偉かったような気分になっているようだけど「それは違いますよ。あなたじゃなくて、あなたが持っている名刺が偉かった。名刺に書かれている会社名と肩書きが偉かっただけです」と強く忠告したい。飲食店の経営は会社の肩書で成立するほど甘いもんじゃない。

全国津々浦々を巡業しても宿泊先でちゃんこを作らされていた

プロレスラーという職業は、とにかく日本全国を回る仕事だ。

基本的に年間約8回あるシリーズは東京で開幕して、最後はまた東京に戻ってくる、というパターンが多かったが、その間の数週間はずっと日本中を巡業していた。大きな都市だけなく、小さな町までくまなく回っていた。今では見かけなくなったけど、地方都市のスーパーの駐車場や学校のグラウンドでも試合をしていたよ。

だからかな。「全国の旨いものを食べて舌が肥えているから、美味しいものが作れるんでしょ？」とよく言われるけど、答えはNOだ。

俺がプロレスラーになったばかりの頃は、まだ不便さの残る昭和だった。今みたいに地方にはビジネスホテルがなかったので、だいたい試合が終わると旅館に泊まっていた。最初に同行したシリーズは約5週間あったけど、ホテルに泊まったのは1日だけだった。すべて旅館だったことをよく覚えている。

旅館に泊まれば、美味しい晩ごはんが出ると思っているでしょ？　試合が終わって、旅館に行くと大きな宴会場に通されるので、そこで地元の美味しいものを食べられたんだろうな、と。たぶん、普通であれば、そうなった。

しかし、現実はそうじゃなかった。先輩から「おい、川田。ちゃんこやるぞ！」

という お声がかかる。なんで地方に行ってまで、ちゃんこ鍋を作らなくちゃいけないんだよ！　そう思いながらも、口ごたえなんて絶対にできないので、大広間でちゃんこを作る羽目になった。こうなったら、先輩方が食べ終わるまで給仕をしなくちゃいけないから、結局、俺は残りものを食べて、あと片付けをしなくてはならない。

東京にいても、地方にいても、自分で作って、自分で食べるだけ！

コンビニもほとんどなく、あっても「セブンイレブン」がその名のとおり、朝の7時に開いて、夜の11時に閉めるような時代だったから、夜中に腹が減っても、コンビニに行って、お弁当を買ってくる、なんてこともできなかった。

世界のジャイアント馬場さんがたどり着いた究極の料理とは!?

しばらくして、俺はジャイアント馬場さんの付け人になった。

その頃には旅館だけでなく、ホテルにも泊まるようになったけれども、馬場さんは試合が終わってホテルにチェックインすると、わざわざ外へ出て、食事をするようなことはしなかった。ホテルの中にあるレストランで食事をするのが、馬場さんのライフスタイルだったからだ。

俺も同席していたので、けっこう贅沢な食事をご馳走になっていたはずなんだけど、馬場さんの奥さんも一緒だったし、常に気が張っている状況だったので、もう味なんてまったくわからなかった。もったいない話だけど、その頃の記憶は俺の舌にまったく残っていないし、できるだけ安いものを選んで食べていた。

馬場さんはかなりのグルメだったけど、「面白いな」と思ったのは世界中の美味いものを食べつくした人は、結局、庶民的な食べ物に回帰するんだな、ということ。

ある時、突然「マクドナルドのフィレオフィッシュを食べたんだけど、こんなに旨いものがあったのか？」と馬場さんが言い出した。たしかに旨いけど、「世界一旨い！」と言われると、ちょっとびっくりする。

でも、馬場さんは本気でそう思っていたようで、それからはホテルから試合会場へと向かう途中、選手を乗せた移動バスは必ずマクドナルドに寄るようになった。車中で馬場さんが食べるフィレオフィッシュを買い込むためだ。旨いもののゴールなんて、本当にどこにあるかわからない。

ある程度、キャリアを積むと、付け人の仕事から外れて、30歳前後でやっと今度は自分に若い付け人が付くようになる。そうなったらようやく雑用からも解放され、試合が終わったあとの時間も比較的自由になるんだけど、だいたい試合が終わるのが夜の9時すぎ。なんだかんだでホテルに戻るのは10時とか11時といった遅い時間になってしまう。地方だと、もう居酒屋かファミレスしか開いていない時間だから、結局、地元の名物なんかは食べられない。

そうそう。地元のプロモーターやスポンサーの方から接待の席に呼ばれることも多かった。その場合、連れていかれるのは、ほぼ100%、焼肉だった。レスラーなんだから、遠慮なく肉を食ってくれ、とね。最初の頃は嬉しかったな。

ただ、毎日のように焼肉が続くと、「あぁ、そろそろ寿司が食べたいな」と思うようになる。たぶん寿司が3日続いても、美味しく食べられるけど、焼肉が3日続いたら、もうギブアップ。それでも先方がセッティングしてくれた場所に行くだけだから、自分たちで店を選ぶことはできない。そんな中で発達した特殊能力が「焼肉屋に行って、いかにして肉を頼まないで食事をするか?」。つまり、上手いことサイドメニューを組み合わせて、自分なりのメニューを構築するのだ。店ごとに特色があるので、これを考えるのはなかなか楽しかった。

今、自分の店でもたくさんのサイドメニューを提供しているけど、ひょっとしたら、この時の体験が少しは役に立っているのかもしれない。

プロレス界で個性を出すために〝不器用なキャラ〟を演じていた

この本の第2章以降は、読んでいる方が「川田はいったい何をやっているんだ?」と呆れるくらい、俺の失敗体験がこれでもかと出てくる。

プロレスファンの人からすれば「なるほどな。やっぱり川田って不器用だからな」と妙に納得してしまいかねないので、最初に書いておく。

俺、本当はすごく器用だよ、と。

若手の頃から俺の試合を見てくれていた人は知っているかもしれないけど、昔の俺はなんでも器用にこなすプロレスラーだった。

アマレスをやっていたからグラウンドもできるし、プロレスラーになってから空手を習いに行かされたのである程度の蹴りもできる。身のこなしも軽かったので、いわゆる空中殺法も楽々とこなせた。実際、2代目タイガーマスクだった三沢さんとのコンビで、タイガーマスク2号にすることを馬場さんは考えていたほどだ。

ひとことでいえば、オールラウンドプレーヤーだった。

それってものすごく自慢のように聞こえるかもしれないけれど、個性の塊のような人たちがたくさんいるプロレスの世界では、皮肉なもので、なんでも器用にこなせることは逆に「無個性」として、完全に埋もれてしまう。

ある程度、キャリアを積んだ時点で、自分もそれに気が付くのだ。「このままじゃ俺、これ以上、上には行けないな」と。

じゃあ、何か自分にキャラ付けをしなくちゃいけない。でも、他のレスラーとキャラ被りでもしたら、それはそれでまったく目立てない。誰もやっていないキャラってなんだろう、と考えていた時に出てきたのが「不器用」だった。

リング上では武骨な試合をして、試合後はマイクアピールもしなければ、控室でもコメントを出さない。それを続けることで「不器用で無口」という俺だけの個性が生まれ、結果としてメインイベンターとしての地位を築けた。

まぁ、裏を返せば、器用な人間だからこそ、そういう不器用キャラを演じることができたんだけどね。本当に無口だったら、こうやって接客業を10年も続けていけるわけもない。これが俺なりの「プロの流儀」です。

ちゃんこ番の時も、先輩から「つみれ鍋が食べたい」と言われたら、見様見真似でイワシを一匹一匹おろして、団子にしていたので、手先も器用なんだと思う。それが店の経営となると、急に不器用になってしまうから難しいんだよな……。

三沢さんとの突然の別れでリングへの情熱を失った

この章では、なんで俺が飲食店をやっているのかを説明するために、そのバックボーンを書いてきたけれど、本当に10年前までは店を出そうなんて、これっぽっちも考えたことがなかった。

料理も必要に迫られて高校時代や新弟子の頃にやってはきたけど、自分から進んでやっていたわけではないし、とにかく俺はプロレスラーとして、リングの上で闘うことしか頭になかった。このままリングに骨を埋めよう、と本気で考えていた。

その考えが一変したのは、2009年6月のことだ。

三沢さんが突然、亡くなった。

高校時代からずっと一緒だったし、常に三沢さんの背中を追いかけていた。途中で団体は別になったけど、同じプロレス業界にいたし、「三沢さんが頑張っているからこそ、俺も頑張れた」と思っていた。

なのに、その背中が突然、俺の目の前から消えた。

その瞬間に俺のプロレスに対する情熱がスーッと冷めていくのがわかった。

冷静に考えたら、俺の体もボロボロだし、いつ動けなくなるかわからない。じゃあ、「プロレス以外に俺ができることってなんだろう」となった時、ずっと作ってきた料理のことしか頭に浮かばなかった。

もちろん、そんなに簡単なものじゃないとはわかっていたけど、じゃあ、タレントとしてやっていけるか、と考えたら、とても俺にはできないな、と。あんなに浮き沈みの激しい世界で生き残っていける自信なんて、まったくなかったからね。

そこで昔から通っていた中華料理屋さんで勉強をさせてもらうことにした。本格的に学ばせてもらったのは、店をオープンするまでの半年間。とにかく基礎の基礎を教えてもらった。具体的にいえばスープ作りかな。プロレスで言うところの受け身の練習をひたすら続けた。

さらば愛するリングよ、そしてセカンドキャリアへ

本当はプロレスをやりながら、お店をやるのがベターなのは明らかだ。プロレスラーとしての知名度そのものが看板になるし、リングに上がることが、そのまま店の宣伝にもなる。

でも、中華料理屋で勉強を始めたら、それは無理だとすぐに悟った。何度も言うけど、飲食業はそんなに甘いもんじゃない。

俺の名前で店を出して、俺がいない日があったら、絶対に上手くいかない。試合の度にお店を休んでいたら本末転倒だし、俺のファイトスタイルではお店との

両立は体力的にも無理だな、と思ったのだ。

実際、店を出すと決めたあとも、前から約束していたスケジュールがあったので、その試合だけは出場したけれど、あぁ、これを続けながら、厨房に立ち続けるのは体力的にも精神的にも無理だな、とすぐにわかった。

ただ、ひとつだけ両立する方法はあった。

それは今までのファイトスタイルを捨てて、「エコなプロレス」をすること。メインイベントにこだわらず、前座や6人タッグで客席が笑顔になるような試合をしていれば、なんとか両立できるのかな、と。

そういう試合も興行の中では必要だし、長くプロレスを続けていくんだったら、徐々にそういうスタイルにシフトしていくものだけど、俺が急にそれをやってしまったら、お客さんはきっと「なんだよ、川田。がっかりだよ」と失望するだろう。

プロレスラーとして、リング上では激しい試合を繰り広げ、ファンに夢を与えてきた人間として、それだけはどうしてもできなかった。

だからこそ、正式に引退はしていないけれど、リングからは離れて、飲食店の経営に専念することを俺は決めた。

馬場さんが亡くなったことも、実は大きな理由のひとつだ。

全日本プロレスという会社は本当にちゃんとしていて、馬場さんが社長だった時代は厚生年金もしっかり加入していたので、年金だって受け取れる。たとえ会社の状況が良くない時でも、ギャラの遅配や減額といったことは一度もなかった。

だから俺は全日本プロレスを信用していたし、骨を埋める価値のある会社だと思っていた。それは嘘偽りのない感情だ。

しかし、馬場さんが亡くなり、どんどん会社は変わっていってしまった。奥さんの元子さんが経営から離れ、全日本プロレスは名前だけ残って、いつしか中身はまったく違う会社になってしまった。

そして、ついにギャラの遅配が始まり、最終的には1年以上、ギャラを払ってもらえなかった。こうなるともう生きていくためには全日本プロレスを離れて「無所属」として活動していくしかない。

これは決して愚痴ではなく、生きていくための現実的な話だ。

実際、全日本プロレスに不満があったなら、天龍さんが「SWS」を、三沢さんが「プロレスリング・ノア」を設立した時についていくこともできただろう。あるいは新日本プロレスとの交流戦の流れのままに、移籍することも可能だっただろう。

でも俺はそれをしなかった。全日本プロレスが好きだったからだ。だけど、馬場さんが亡くなって、元子さんも経営から離れ、徐々に変わっていく全日本プロレスに愛着が薄れていった。いつしかギャラも出なくなった。そして、三沢さんの死でプロレスに対する情念も薄れてしまった。

プロレスラーになって27年目にして、初めて考えたセカンドキャリア。ただ、そこにあったのは厳しい現実だけだった。

第2章では店の開店準備から、オープン直後の地獄のような日々についてありのままを書いていきたい。

きっと、誰もが「ラーメン屋をやることだけはやめておこう」と思うはずだ。いや、思ってくれるはずだ。

第２章

ラーメン屋は四天王プロレスばりに過酷な世界だった！

別にラーメン屋じゃなくてもよかった!?
俺流セカンドキャリアのスタート

これから先のページで書くことは、本書のタイトルにもあるように、飲食店を起業するにあたって「してはいけない」ことばかり、である。

もちろん、すべてが俺の実体験に基づく「実話」だ。

この章を読んで「やっぱりラーメン屋になろうなんて夢を持つのはやめよう」と思ってもらってもいいし、逆説的なビジネス学として「川田利明を反面教師にして失敗をしない」と肝に銘じてもらってもいい。

ウチの店は今年（２０１９年）の6月に10年目を迎えたわけだけど、時にはメディアにも登場する俺が営むラーメン屋の実情は厳しいエピソードばかり。さあ、それでもあなたはラーメン屋にトライしますか？　まずは読みすすめていってほしい。

さて、そんな前振りをしておいて、こんなことを書くのもどうかと思うけれど、ウソをついたり、カッコつけても仕方がないので正直に告白する。

俺は別にラーメン屋じゃなくてもよかったんだよ。

第1章で書いたように、これまでの経験値から、プロレス以外で俺ができる仕事となると、「もう飲食店しかないな」という結論にたどりついた。

そして中華料理屋で勉強をさせてもらってはいたけれど、決してラーメン屋をやるために学んだわけではない。そこの店主とは以前から知り合いだったので、昔からいろんなことを教えてもらってはいた。

もっとも、俺は典型的な「店主が嫌がる客」だった。ちょっと気になることがあると「ねぇ、この味ってどうやって出しているの？」と根掘り葉掘り聞きまくる。一緒に行った人が「また始まった……」とあきれ顔をしているのもわかるけれど、その疑問を解決せずにはいられない。

そうやって、いろんなジャンルのプロの料理人から話を聞いて、自分の知識として蓄積していっただけで、「ラーメンを極めよう」なんて考えはまったくなかった。

ただ、中華料理店で学んだことは、本当に大きかった。

変な話、そこで教えてもらった料理は今、一切、俺の店では出していない。スープの作り方はしっかり教えてもらったけれども、中華料理店とラーメン屋のスープというのは似て非なるもの。中華料理店の場合、いろんな料理に使うためのスープだから、ラーメン屋ほど個性が出ない。最初は「これは失敗したかなぁ〜」と思ったけれど、基礎の基礎の部分は同じだから。いまだに俺が厨房に立てているのは、絶対的にこの時の教えのおかげだと思っている。

プロレスも料理も、その部分ではよく似ている。

最近の若い選手たちには、基本を疎《おろそ》かにして、派手な技ばかりを覚えようとする人が多いみたいだけど、それじゃ絶対に伸びない。

まず基本となるものがしっかりとあって、そこからどんどん枝葉が伸びていく形にしていかないと、長続きしないし、そのあたりはお客さんにも簡単に見破られてしまう。基本さえ、ちゃんと学んでおけば、そこからいくらでも応用が利く。そういう意味では、開店前の勉強期間はものすごく大事だった。

自己流で「俺のラーメンを食わせたい！」という情熱だけで起業しようとしている人もいると思うけど、それだけは絶対にやめたほうがいい。一時的には話題を集めて注目されたとしても、行列が途切れた時に次の一手が打てなくなる。面倒でも、ちゃんとした人の下に弟子入りしてから、自分の店を出すべきだ。

話が逸《そ》れた。じゃあ、なんで俺はラーメンがメインの店を出したのか？

答えは単純明快。俺が借りた物件が、もともとラーメン屋だったから。

初めて店を出すわけだし、そのほうがいろいろやりやすいだろうな、と思ってね。もし、この物件がもともと焼き鳥屋だったら、俺は焼き鳥屋になっていたし、串揚げ屋だったら、串揚げ屋をしていたはず。ここでも俺の器用さが、悪いほうに向いてしまったかもしれない。

唯一、寿司屋だけは特殊なジャンルなので、さすがに「じゃあ、俺が握ります」とはならなかっただろうけど、とにかく俺の場合、作りたい料理ありきではなく、「物件ありき」でのスタートだった。

絶対に真似をしてはいけない〝俺流〟物件選びで優先したものは？

俺の店「麺ジャラスＫ」は世田谷区喜多見《きたみ》の世田谷通り沿いにある。

電車だと小田急線の成城学園前駅が最寄り駅になるが、そこから歩いてくるには、ちょっと距離がある。目の前の道路にはバスも走っているけど、公共交通機関を利用した場合、かなり足を運びにくい場所、ということになる。タクシーはつかまるけど、このご時世にタクシーを使う人がいない。

わかりやすく言えば、よっぽど近くに住んでいる人以外、雨が降っていたら、ちょっと足が遠のいてしまうという立地だ。雨が降っていなくても、朝の天気予報で「今日は傘の出番がありそうです」と言われたら、それだけで客足に影響が出てしまう。

この場所を選んだのは俺だ。

いろんな人から「なんで、そんなところにしたの？」と言われた。「川田さん、その家賃だったら、ちょっと狭くはなるけど、駅前の好立地にお店を借りることができるし、そっちのほうがビジネスを展開しやすいよ」とも。たしかに最寄りの駅から徒歩10～12分では、どう考えても好立地とはいえないだろう。

正直、家賃だけは高い上に駐車場も4台分借りている。

場所はよくないけれど、店が広いから、どうしても高くなってしまう。わざわざ高い金を払って、アクセスが悪いところを借りるなんて、普通に考えたら「本当に儲ける気があるの？」と疑われても仕方がない。

事実、この周辺は商売に向いていないことは俺がいちばんよくわかっている。

なぜならば、もともと全日本プロレスの合宿所がこの近くにあったし、その後も俺はこの街に住み続けてきたから。なんだかんだでもう40年ぐらい住んでいるのかな？

それこそ誰もが知っている有名な外食チェーン店が進出してきては、あっさりと撤退していく様子も何度となく目撃しているし、セブンイレブンや「すき家」、そして「バイク王」まで潰れてしまう立地。とにかく飲食店の経営には向かないことは間違いない。

もっと言えば、俺が借りた物件も、もう数え切れないほど店が入れ替わっている。何度か食事をしに来たこともあるけれど「あれっ、また違う店が入ったんだ」「今度、行ってみよう」なんて思っていたら、あっという間に潰れてしまった……というケースもしょっちゅうあった。ちゃんと調べたわけではないけど、おそらくここで2年以上、続いた店はないんじゃないかな？

覚えているだけでも、フランチャイズのラーメン店が入ったと思ったら、その本体が違う店を出したり、もつ鍋とラーメンという業態になったり、うどん屋が入ったと思ったら、1カ月も経たずに潰れてしまったり。もうね、確実に商売には向いていない立地だというのは、誰の目にも明らかだった。

俺もここには何度か食事には来たことがある。といっても、積極的に足を運んだわけではない。近所のお店が深夜0時で閉まってしまうけど、ここは深夜2時まで開いていた。それだけの理由だ。みんなでわいわいやっていて、二軒目に行こう、となった時に、夜中だと、もうここしか選択肢がなかった。

ぶっちゃけた話、俺もここで10年も続けていくことになるとは思ってもいなかった。詳しいことはあとで書くけれども、最初の1、2年はここで勉強をさせてもらって、「利益が出たら、いずれは違う場所に移転しよう」というのが起業する時、俺の頭の中にあった青写真だった。

それが大前提としてまずあって、自分で店を持つ以上は仕込みから片付けまで、すべて自分でやりたい、という希望があった。だから自宅から通いやすい、この場所をオープンの地として選んだわけだ。

正直、別の候補物件もあった。

そこはアクセスもいいし、商売することだけを考えたら、絶対にそっちを選ぶべきだったんだろうけど、通うにはちょっと距離があった。

すべて自分でやるとなった時、家から離れたところに毎日、通うのはあまり現実的ではないな、と思ったし、慣れてきたらもっといい場所に移転すればいいいんだから、という理由で入った店が続々と潰れていく「不毛の地」を俺は選んだ。まさに誤った立地探しは「してはいけない」ことの典型例だね。

ちなみに、「麺ジャラスK」のひとつ前に入っていた店がラーメン屋だった。俺も食べに来たことがあったし、ラーメン屋を居抜きで借りることができるんだったら、俺もラーメン屋をやろう、ということになった。すべての読みが甘すぎたことなんて、その時点ではまったく自覚していなかったことをのちに痛感することになる。

下見をしっかりとしておかないとすべての目論見が崩れ去ってしまう！

何度か入ったことのある店だったので、俺もなんとなくわかっているつもりになっていて、そこまでしっかりと下見もせずに賃貸契約をしてしまった。

妥協もまた、「してはいけない」典型例だ。

ただ、ラーメン屋を居抜きで借りれば、厨房もそのまま使えるので、まず初期投資が抑えられる、というメリットがあるはず……だった。

ところが、いざ厨房に足を踏み入れて、俺は言葉を失った。

「なんにもねーじゃん！」

いざラーメンを作ろうと思った時に必要な機材は、何ひとつとして、そこには残っていなかった。そこにはただ使えないコンロとシンクがあるだけ。店を畳む時に持っていってしまったのだろうか？

台所だけの話ではない。エアコンもすぐに壊れた。机と椅子はボロボロ。

いや、それにしても何もなさすぎる。

この時点で「ラーメン屋を居抜きで借りるから、俺もラーメン屋になる」というチョイスがまったく意味のないものになってしまった。イチから道具を揃えなくてはいけないのだから、焼き鳥屋を始めようと、串揚げ屋をやろうと、初期投資や手間は何も変わらないのだから。これは勝手に「ついこの間までラーメン屋として営業していたんだから、何かは残っているはずだ」と決めつけて、しっかりと確認しなかった俺の凡ミスだ。あとで書くけど、借りる時には居抜きではなく、スケルトンで借りるべきだろう。そして残ったメリットは「自宅から通いやすい」だけ。

読者の人は、「何を言っているんだ。川田は甘すぎるよ」と思ったことだろう。その意見は否定しないが、思いどおりにいくことはほとんどない——つまり、素人の淡い予測なんてなんら期待できないことを伝えたかったんだ。

コンビニですら潰れてしまう地獄のような商圏で、高い家賃を払った上で、ラーメン屋を開業するにあたって必要なものをすべて取り揃えなくてはいけなくなった俺は、とんでもないマイナスからスタートを切らざるを得なくなった。

たくさんの店が短期間で撤退していく一因を、オープン前からまざまざと見せつけられたような気がした。

あっという間に消えた1000万円……開業資金はいくらあっても足りない！

どんなビジネスを始めるにしても、初期投資はどうしてもかかる。今までプロレスしかやってこなかったから、そのあたりのことはあまりピンと来ていなかった。

プロレスラーは文字どおり、裸一貫でやる職業。タイツとリングシューズさえあれば、あとは何もいらない。なんなら裸足で闘ってもいいわけで、初期投資とは無縁の世界だ。もちろん、会社からみれば住むところを与えて、飯も食わせるわけだから、ひとりのプロレスラーがデビューするまでには、それなりの投資はしているものの、やる側の人間は本当に数万円もあれば、試合道具を揃えることができる。いや、先輩がお下がりのシューズやタイツをくれることだってある。

しかし、ラーメン屋……自営業の場合はそうは問屋が卸さない。

さっきも書いたように、借りた店舗のものはどれも使えないものばかりだったので、すべてを買い揃えたり、リース契約を結ばなくてはいけなくなった。ただ、それ以上に大きな負担になるものがある。それこそが､店を借りる時に必要な「保証料」だ。

飲食店の場合、この「保証料」がべらぼうに高い。本当は正確な金額を書くべきなんだろうけど、正直、忘れてしまった。忘れた、というか、あまりにも高すぎて、もう思い出したくもない。

当然、敷金・礼金も別にかかるわけで、店の中がガラーンとしている状態でも、すでにけっこうなお金が財布から消えてしまっている。

厨房の中も、まずは食材を保管するための冷蔵庫が必要になる。業務用の大きなものだから、これも高い。あまりにも高いものはリース契約をするんだけど、その契約書に判子を押す時に、ある種の決断を迫られる。

普通に生活していて、何かをリース契約する時に「6年契約です」と言われても、別になんとも思わないけれど、店をオープンするために必要なものをリースする時には「そうか、俺は6年間は続けなくてはいけないのか……」とあとから実感する。

それは店舗の賃貸契約を延長する時も同じで、いまだに「これから数年後、この店は本当に続いているんだろうか？」と真剣に考えながら判子を押す。胃が痛くなるような決断は、店をやっている以上、いつまでもついて回る。

厨房の中だけではない。

お客さんを相手にする商売だから、少しでも快適に食事をしてもらえるような環境は整えていかなくてはダメだ。

いちばん負担が大きいのはエアコンと券売機だ。両方とも100万円前後はする。

狭い店であれば、そんなにお金もかからないのかもしれないけれど、ウチはラーメン屋としてはかなり広い部類に入るから、大きなエアコンを天井に設置しなくてはいけない。たしか100万円近くしたのかな？　だからテーブルや椅子は自分で直したけど、もう客席エリアだけで何百万円も消えてしまう。まさに財布の中の1万円札に羽が生えて、一斉にバサバサと飛び立っていくような感じだ。

居抜きであろうがなかろうが、ラーメン屋を開業しようとしたら、少なくとも1000万円は開業資金を用意しておかないと、たぶんすぐに足りなくなるだろう。これも最低限、頭に入れておいたほうがいい。

そして、俺には経営の知識もノウハウもなかったから、あっちに支払い、こっちに支払い、とやっていくうちに、気がついたら1000万円はすぐ消えてしまっていた。資金だけではなく、頭もショートしてしまった。

これだけお金をかけても、このお店の主力商品となるのは一杯数百円のラーメン。原価率を無視して考えても、1000万円を回収するには、毎日、どれだけラーメンを売ればいいのか？　いや、「回収するなんて、絶対に無理じゃないか」と、絶望に似た感情を抱いてしまったことを覚えている。

最初はなんにもわからなかったから、業者の人にいろいろとお願いしたんだけど、向こうも商売だから「これは絶対に必要です」「念のため、あれも買っておいたほうがいいですよ」とどんどん勧めてくる。

プロが言うんだから間違いないな、と言われるがままに買ってしまったけれど、あとになって思えば「あんなものは買う必要なんてなかったじゃないか！」と思うようなものもたくさんあったし、もっと安く買えたじゃないか、と憤《いきどお》ることも多かった。

初心者だから知らなくて当然、というのは甘すぎる。開業前のマイナスを少しでも減らすためにも、そのあたりのリサーチは徹底的にやるべきだと思う。

ここまで読んで、「俺は大丈夫だ」と思っている人がいちばん危険だ、ということも付け加えておきたい。

ローンが終わっても油断するな！毎月の支払いは永遠に終わらない

飲食店だから、さすがにこれはあるだろう、と勝手に思い込んでいた食洗機も、この物件には残されていなかった。

「今まで、どうやって食器を洗ってきたんだろう」と考えると、何度か食事をしたことがある俺としては、なんとも言えない複雑な気持ちになったが、こればかりはラーメン屋には絶対に必要なものだから、すぐに購入した。

業務用だから、これもやっぱり高い。冷蔵庫もそうだったけど、開業する時に6年間払い続けることを知らずにローンを組んで購入した。6年間と知ってからも、店が続けば、月々の支払いはなくなる。そうなれば経営はグッと楽になるんだろうなと思って、そこはグッと歯を食いしばって耐えてきた。

しかし現実は違う。数年前、ローンは終わったのだが、まだ支払いは終わらない。なぜならば「保守料」という名目で、年間十数万円を払わなくてはいけないからだ。「十数万円ぐらいならいいじゃないか」と思うかもしれないけど、冷蔵庫にも、食洗機にも、製氷機にも「保守料」がかかってくるわけで、すべてを足したら、けっこうな金額になってしまう。それこそ、ラーメンを何杯作っても追いつかない！

とはいえ、それらの機材が壊れてしまったら、もう営業できなくなってしまうわけで、保守料は支払わないわけにはいかない。

そう、契約した時点で永遠の支払いループはもう始まっているのだ。

エアコンが高かった、という話は書いたが、それだけ大きなエアコンを一年中、回し続けているのだから、電気代だって安くはない。これもまたケチれない部分だし、月々の支払いでいえば、当然、家賃も駐車場代もお店の保険代もかかる。

さらに計算外だったのは、車で来店されるお客さんのために借りた駐車場代だ。昔はおおらかな時代だったから、店の前に路上駐車したまま食事をしていても、基本的には見逃してくれていたけど、このご時世、そういうわけにはいかない。道路沿いに車を停めたら、すぐにパトカーが飛んでくる。実は近くに交番があるのだ。

だから店をオープンする時に3台分の駐車場を借りた。それでも足りないので店の裏にもう1台分を借りた。これでまた支出がドッと増える。

一日中、自分の車を停めておくんだったら、月に数万円を支払っても、まぁ仕方ないか、ということになるけれど、まるっきり利用されない日もあるのに、同じ額を支払うのはしんどい。これも顧客サービスだし、駅から歩いてくるのはしんどい場所に店を構えたことで生じたリスクだから、「仕方ないな」と思うしかない。

たとえローンが終わっても、これだけのお金が毎月、消えていく。

前に「慣れてきたら、別の場所に移転する」と考えていたことを明かしたけれども、初期投資にお金を遣いすぎてしまったことが響いて、そのプランは断念せざるを得なくなった。

この店を残して2号店を出すほど儲かっていないし、新たに店を出すことの大変さと出費の多さを知ってしまったら、とてもじゃないけど、その気すら起きない。

資金、心身ともにもそんな余裕はなかったから、「このままここで営業を続けていく」という選択肢しか、俺には残されていなかった。

ラーメン屋でチェーン展開までして成功している人はごく一部にすぎない。過剰な夢や期待を抱くのはやめておいたほうがいいだろう。

スポンサーからの申し入れや「名義貸し」を俺が断った理由

今から書く話は、芸能人やスポーツ選手だけの特権かもしれないが、こういうお店を出す時のひとつの王道パターンとして「名義貸し」という形がある。

つまり「川田利明の店」としてオープンし、看板にも店内にも俺の写真が飾ってあるけれども、俺はイベントや取材がある日しか店には行かず、あとは厨房から経営までノータッチ、というシステムだ。

この形態だと、俺にはまったくリスクがない。名前を貸しているので、そのお金が毎月、入ってくるだけだ。こんな楽なシステムはない。

でも、俺は単なる金儲けのために飲食業をチョイスしたわけではない。全部、自分でやりたい。仕入れも、料理も、片付けも自分でやりたい……というところが原点なので、名義貸しビジネスにはこれっぽっちも興味がなかった。そこまで名前もない。

そもそも、そういう店で長続きしているケースって、ほとんどないんだ。だって名義料を払って、家賃を払って、従業員に給料を払って……と考えたら、どう考えたって、お金が回るはずがないでしょ？　すべて自分でやっている俺の店ですら、ちっとも儲からないのに、そんな上手い話はないわけだ。

読者の人には思い浮かべてほしい。タレントやレスラーの名前や写真を前面に押し出したお店が、今どれだけ残っているか。

そうそう、「お店を出すんだったら、投資しますよ！」という話は、ありがたいことに少なからずあったんだ。

もし、この本を読んでいる方の中で、そうやってお金を出してくれる人がいるんだったら、それはもう、その話には絶対に乗るべきだ。初期投資のリスクが減るんだから、開業へのハードルがかなり低くなる。もちろん、金を出す以上は少なからず経営にも口出しされるだろうけど、それは仕方のないこと。ただ、最初に「もし店の経営に失敗したとしても、投資していただいたお金は返済できませんよ」という約束だけは取り付けること。ここをうやむやにしてしまうと、のちのち面倒なことになるので、そこはキッチリとしておいたほうがいいだろう。

俺の場合、自分の名前を出してやる以上、誰がお金を出していようと、店の経営に失敗してしまったら「あの川田がラーメン屋を出して、すぐに潰したよ」と言われてしまう。そのリスクは自分で金を出そうと、スポンサーがいようと変わらない。

でも、店が上手くいった場合、美味しいところはみんな投資した人に持っていかれてしまう。この世の中、お金を出した人間のほうが有利だからね。

それに上手くいったらいったで、人間関係がこじれてしまうことが多々ある。お金は人を変える。プロレス業界で何度も見てきた光景だ。

つまり、上手くいこうと失敗しようと、俺にはあんまり得がない話だと思ったので、投資の話は断ってしまった。

ここまで書いてきたように、開店するためにこんなにもお金がかかるんだったら、たしかに投資してもらったほうが楽だったな、と思う反面、そうなっていたら、俺流の経営方針で出資者と揉めて、店は続いていなかっただろうな、とも思う。

なんだかんだ10年目を迎えたということは、きっと、これが俺にはベターなやり方だったんだろうな、と今となっては思うけど……読者の方で信用できる投資者がいるんだったら、ぜひ乗っかるべき。これは間違いない。

個人経営店の知られざる切なさ……いまだにすべて「現金払い」という悪夢！

ラーメン屋に限らず、個人経営の店はいろいろと大変なことが多い。

これも商売を始めるまではわからなかったことだが、毎日、業者の方に持ってきてもらう食材は、仕入れの品と引き換えに現金で支払わなくてはならない。

これが企業だったら、毎月、まとめて一括で支払うところなんだろうけど、個人経営の店はそのあたりの信用がないので、「その場で現金決済してもらっています」と、最初に釘を刺された。

そりゃね、最初は「仕方がないよな」と納得したけれども、10年目を迎えた今でも、取引のシステムは変わっていない。こうなると、「いったい何年間、店を続けたら信用してもらえるんだよ」という話になってしまうけど、これが悲しい現実だ。

もっと悲しいのが、朝、仕入れのために支払った現金が、前日の売り上げ金を上回ってしまった時だ。一日単位の話ではあるけれど、リアルな形で「昨日と今日とでこれだけの赤字」と明示されるわけで、そこにはもう夢も希望もへったくれもない。

たぶんサラリーマンだったら、ここまでみじめな思いを仕事ですることって、そんなにないと思うんだよ。お金だって請求書のやり取りが基本でしょ？　実際、俺も全日本プロレスにいた時に、お金のことや、社会的な信用においては、みじめな思い出はないからね。

会社を辞めることの裏には、そういうリスクもたくさんあるということを、とにかくわかってほしいし、会社に守られている一面も知ってほしい。サラリーマンの生活が長かった人こそ、その苦労は強く感じるかもしれないな。

俺の場合、ちょっと特殊な職業だったし、最後のほうは無所属としてフリーランスに近い形でリングに上がっていたので、ワンクッションはあったけれど……会社に守られてきた立場から、いきなり自分が店を守らなくてはいけない立場に変わるということは、経済的にも、そして精神的にもかなりヘビーなんじゃないかな？

そのあたりの覚悟ができていないと、かなり早い段階でギブアップすることになると、肝に銘じておいてほしい。

定休日はあるけれども……店主に「休日」なんてない！

一応、ウチの店は毎週火曜日を定休日にさせてもらっている。

それを知っているお客さんからは、月曜日には「川田さん、やっと明日は休みだね。ゆっくり休んでください」と言われることがある。

たしかに明日の火曜日はウチの定休日だ。だから店は開いていないけれど、実は俺は休めるわけじゃない。

毎日、食材のチェックはしなくてはいけないので、店は閉まっているけど、厨房は覗きにいかなくてはならない。そのために家の近くに店を出したようなものだ。それに翌日のための仕込みも定休日のうちにやらなくてはいけないから、事実上、店も俺も365日、動いている。しかも、開店当初は定休日なしで深夜2時までやっていた。

普段は時間がなくてできない買い出しも、この日のうちにまとめて済ませてしまわなくてはいけないし、そうこうしていたらあっという間に一日が終わってしまう。

俺は店で出すものは「手作りで！」という部分にこだわっている。だからこそ、余計に時間に余裕がなくなってしまうのかもしれない。

たとえば、メンマ。

別に既製品をそのまま出してもいいんだけど、お店で提供する以上、「少なからず手を加えていないとお客さんに対して失礼なんじゃないか」と俺は考えてしまう。

だから、まず「乾燥メンマ」というものを仕入れる。あんまり見かけないものだと思うけど、「えっ、これがメンマになるの？」と思ってしまうような形をしている。それを沸騰させて、水に漬けておいて、さらに沸騰させて、漬けておいて、という作業を2日間、繰り返すわけ。3日目になったら、それを何度も何度もすすいで洗って、やっと味付けをすることができる。つまり、ウチで出しているメンマは、仕込みに丸々3日間かけているわけだ。

ここまでやると、市販のものとはまったく食感が違うメンマができる。それをお客さんに提供している。

時間もかかるし、原材料の乾燥メンマもけっこう高いものなので、ほとんど採算度外視でやっているけど、自分でも妥協できない、というか。これがお客さんに対する俺なりの誠意なんだ。

しかも、この工程を繰り返していると、店中がメンマ臭くなってしまうので、店を閉めている時間にやるしかない。ただお店を閉めたあとは片付けがあるから、どうしても休日も仕込みをする必要があるわけだ。

ただ、原価や作業効率という視点から考えたら、「してはいけない」ことかもしれない。実際、業務用で大きな袋に入った既製品のメンマが驚くほど安い金額で売られている。それを買えば少しは楽になるんだろうけど、やっぱり「俺だけのメンマ」にこだわりたいんだ。このメンマが消えた時には限界が来たと思ってください。

メンマに限った話ではなく、ランチとディナータイムの合間の休憩時間も、店を一旦、閉めているというだけの話で、俺は仕込みで動き続けている。

先日、パチンコ番組のゲストに呼ばれたんだけど「パチンコを打つのはいつ以来ですか？」と聞かれてハッとなった。思いかえせば、ちょうど10年ぶりだったからね。俺、この店を出してからパチンコを打つ暇すらなかったんだ、と。そう、こだわると店主にプライベートな時間はなくなるのだ。

仕込みをしっかりするほど食事と睡眠の時間は削られる

ここでざっくりと俺の一日のスケジュールを書いておこう。

仕込みも含めて、すべて自分でやろうと思っている人は、これが基本的な日程になると思ってもらって、まず間違いはないだろう。

朝は7時に起きて、8時には店に入る。起きたら、すぐに店に向かう……ぐらいの勢いで俺の一日が始まる。

ウチはお酒も出すので、「夜のお店」というイメージがあるかもしれないが、ある時からランチ営業（12〜14時）も始めた。だから、この時間から準備をしないと、間に合わない。自分で選んだ道とはいえ、ある意味、地獄のようなスケジュールだ。

2時間から3時間、ランチの準備をすると、もう体中が汗だくになる、やっぱりスープを作らなくちゃいけないからね。朝から圧力鍋で炊いていたものを、今度は綺麗に濾《こ》す作業を朝からやる。スープに関しては、本当に味が安定しないというか、日々、変わってくるので、本当に毎日、大変だ。

この段階ですでに10時半か11時ぐらい。汗だくになってしまったので、夏だったら汗を流すために、冬は体を温めるために、一旦、帰宅してシャワーを浴びる。それで気持ちをリセットしたら、すぐに店に戻って、ランチ営業のために店を開ける。

無事にランチタイムが終わったら、今度は夜の仕込みだ。

ランチはラーメンしか出していないけど、夜は味玉やマッシュサラダや唐揚げとかサイドメニューもたくさんあるので、仕込みにも当然、時間がかかる。

地味に大変なのは、夜に使う分の野菜を全部、切っておくこと。これがけっこう時間がかかる。量も多いからね。

時間がかかるといえばチャーシューの仕込みだ。低温調理だから、何時間もかけて火を通さなくてはいけない。夜の営業時間にギリギリ間に合った、ということがよくあるぐらいで、とにかく休憩時間はやることがいっぱいで忙しい。

ここまで読んで、何か気が付いてくれただろうか？

これだけやることがいっぱいあって、本当に時間がない。じゃあ、何を削るかといったら、もう食事の時間しかない。だから、朝も昼も食べていない。正確に言えば、特に朝食に関しては、もはや食べる気にもならない。

夜も営業（18～22時）を終えて、片付けをして、フライヤーの油の交換なんてやっていたら、家に帰ってくるのはどんなに早くても深夜2時ぐらい。お酒を飲んだお客さんが、予定閉店時刻を越えて残っている時なんかはもっと遅くなるので、もうヘトヘトで、飯を食う気持ちにもならないし、睡眠時間を削ったら、体力がもたないんで、食事の時間を削るしかない。

結果、店を始めてからすぐに20～30kgは痩せた。三沢さんたちとバリバリとやっていた頃は115kgくらいあったのかな。だから、久しぶりに会った人にはビックリされたよ。もちろん、ファンの人たちも同じ反応。やっぱりプロレスと両立するなんて無理。こんな体じゃリングに上がれないからね。

でも、リングに上がらなくなったというのに、医療費だけはすごくかかるようになった。膝や腰など、体に大きな負担がかかるからだ。これも予想外だったね。

まぁ、プロレスラーというのは、それこそ骨が折れていてもリングに上がって、闘いながら治すみたいな部分もあったけど、ラーメン屋の厨房をひとりで回す、ということは、こんなにもハードワークなんだと知っておいてほしい。

お客さんには「手間」にお金を払うという感覚がない（涙）

体の話の続きになるけれども、ラーメン屋というのは一日中、立ち仕事が続くから、どうしても腰や膝が悪くなる。

俺の場合、プロレス生活でもともと体中がボロボロになっていたので、さらにキツい。骨折したことがある腕には力が入らないし、立っているだけで膝が痛む。三沢さんのエルボー、スタン・ハンセンや小橋のラリアット、ジャンボ鶴田さんのバックドロップをあれだけ喰らってきたから仕方ないよね。そこにはなんら後悔はない。

「プライベートの時間がない」というのは、定休日の度に病院に通っているから、という側面もあるかな。

もちろん、肉体的にもっと楽にやる方法もある。

従業員を雇えば、当然のことながら、仕事量は減る。少なくともアルバイトを何人か置いておけば、負担も減るんだろうけど、俺にはそういう選択肢はなかった。

いや、店を始めた時は、実際にバイトを雇ったりもしていたけれど、いろいろな考えがあって、やっぱりひとりでやることにした。そのあたりは次の第3章でたっぷりと書いていきたい。

もっと簡単なのは、「手間をかけるのをやめる」というやり方だろう。

さっきのメンマの話もそうだけど、とにかく、俺はひとつひとつの料理にものすごく時間と手間をかける。

やっぱり、お客さんに美味しいと思ってもらいたいし、そのためなら手間も厭《いと》わない、というのが俺のスタンス。ただ、結果として非常に過酷な日々になってしまっているので、これもある意味、肉体的な負担を考えたら「してはいけない」ことのひとつなのかもしれない。でも、どんなに「してはいけない」とわかっていても、俺はこのスタイルだけは変えるつもりはない。

楽をしたかったら、既製品を出せばいい。メンマだって、味付け玉子だって専門の業者がいるし、なんなら唐揚げだって冷凍コーナーに安く並んでいる。

特にラーメン以外のサイドメニューに関しては、それでいいんだと思うんだけど、やっぱりそこは割り切ることができない。本当に「経営者としては、とこととん不器用だな」とこうやって本を書いてみて、あらためて思い知らされた気分だ。

こんな俺でも気持ちが折れそうになることはある。

基本的にお客さんは料理に対してお金を払ってくれるけど、そこにかかってい
る「手間」に関しては対価を払うという感覚はない。

客席から聞こえてきてショックなのが、「これだったらスーパーで買ってきて、家で食べたほうが安くない？」という感想だ。

いや、たしかにそうだよ。値段だけ比較したら正論かもしれない。

だけど少しでも満足してもらいたくて、俺はとことん手間をかけている。もちろん家賃やら光熱費やらもかかっているわけで、スーパーのお惣菜《そうざい》コーナーの値段と同じにすることは難しいけれど、なにかプラスアルファのサービスをと思って、手間と時間をかけている。大きさからいったら、スーパーよりコスパもいいと思う。

それが報われないことを知って、既製品に切り替えていく経営者も少なくないだろうけど、そうなると、これまでよりもサービスが低下するわけで、その選択肢はちょっと俺には考えられない。もうね、たったひとこと「美味しかった」「ごちそうさま」と言っていただければ、それですべてが報われるんだ。

サービスといえば、ウチの店ではビールサーバーを置いている。

この章の最初のほうで触れたように、何を買えばいいのかわからない状況の時に、メーカーの人に勧められるがままに導入したものだ。まぁ、ラーメンだけでなく、おつまみも出しているから、相乗効果で両方を注文してもらえればいいかな、と。

よく「飲食業はドリンクで儲ける」といわれるけど、それはチューハイやサワーなど、お店側でお酒の濃度をコントロールできる商品の話。サーバーで提供する生ビールは、実はお店にとって、そんなにうまみがないんだ。

大きな誤算だったのが、最初の一杯を綺麗に提供するまでに泡をたくさん捨てなくちゃいけないということだ。あと、サーバーは毎日、洗わなくちゃいけないから、それも手間がかかる。さらにサーバーの中に残ってしまったビールは捨てることになるから、これらのロスが大きくて、儲けなんて出ません。

本当は缶ビールか瓶ビールとコップを出すのが、もっとも効率がいい。

手間なんてコップを洗うだけだし、缶や瓶ビールだから腐ることもないし、廃棄しなくちゃいけないなんてことも基本的にはない。ラーメン屋さんでは缶ビールや瓶ビールが多いのはそういう理由がある。

でもね、今までサーバーから注いでいたのに、急に缶ビールになったら味気ないでしょ？　だから、俺はずっと使い続けている。厳しい経営者だったら、真っ先に削減する部分だろうけど、俺はそこまでドライにはなれない。生ビールのほうが喜んでくれるお客さんも多いからね。

ただ、これは俺のこだわりだけの話。これから起業しようとしている人には缶ビールや瓶ビールでの提供をオススメするよ。

俺が店を畳まない理由……それはただただ「意地」だけです

この章では、オープン前後の話を赤裸々《せきらら》に書いてきた。

どうですか？　想像以上に大変だと感じてくれましたか？

開店資金として突っこんだ1000万円は回収できるはずもなく、むしろ、毎年のように赤字が積み重なっている状況だ。

最初から経営が厳しい立地条件でオープンするなど「してはいけない」ことば

かりやってきたので、当たり前のことではあるし、何度か「もう限界かな、やめようかな」と思ったことも実際にある。

でも、俺がやめずに店を続けているのは、もう単純に「意地」だけ。

いまだかつて誰も成功しなかった、この物件で可能な限り長く、店を続けていきたい。俺は俺なりに勉強や研究もしているので、もっと上手く経営していく方法もわかってはいるつもりだけど、自分の信念を曲げてまで、そういうことはしたくないな、という気持ちもある。

高校時代にアマレスをやめなかったのも、全日本プロレスを辞めなかったのも、「あいつは逃げ出すだろうな」という周りの目に対抗する意地があったのかもしれない。でも、経営に関しては「意地」は大敵かもしれない。

もっと言えば、これだけお金を遣って、財産までも溶かしてきているのに、「今さら弾《はじ》けてたまるか！」という意地だってある。

だからこそ、起業を考えている人に俺からできるアドバイスは「意地は張るな！」。

ダメだと思ったら、早めにギブアップしてもいいんだし、もっといえば、最初から起業しないほうが安全だ。

もし開業資金の1000万円が用意できるんだったら、もう一度、冷静に考えてみてほしい。

「このお金があったら、何ができるのか?」と。

そのまま貯蓄しておいても、老後に必要といわれている2000万円には全然、足りないわけで、減ってしまう可能性が高いビジネスにその資金を突っ込むのはどうだろうか?

あくまでも、この章はラーメン店を開業した俺にとっての「序章」にすぎません。ここから先の章では、もっと絶望的な話が山ほど出てきます。

もう次の章のタイトルでわかるじゃないですか。「ベンツを3台もスープに溶かしてしまった」んだから。この店を維持させるために……。

第3章

そして、
俺はベンツを3台、
スープに溶かした……

オープンしてから1年後……あそこがリアルな「やめ時」だった

第2章では「開店資金に1000万円以上かかった」と書いた。

商売を続けていく以上、そのマイナス（投資）が毎年、減っていって、どこかの時点でプラスに転じないと成功とはいえない。そうでないのなら、どこかで見限って、店を畳む……。いや、畳まざるを得なくなる。

オープンから1年が経った頃、俺は絶句した。

開店資金を少しでも回収できているどころか、赤字はさらに広がっていたからだ。「もう儲けに転じることなんて、絶対にないだろう」と息をのんだ。

店を畳むとしたら、あのタイミングだったんだろうね。俺は意地になって続けることを選択しちゃったけど、これから商売を始める人は、傷口が浅いうちに撤退したほうがいい。これだけは口を酸っぱくして言っておきたい。

もし、大手企業やそれなりの中小企業に勤めていて、早期退職をすれば退職金が2000万円出ますよ、という人がいたとしよう。

この本を読んでいたら「そうか、川田は開店資金に1000万円を遣ったのか。俺はその倍の予算があるわけだから、失敗することはないな」と思ってしまうかもしれないけれど、俺に言わせれば「2000万円？　全然、足りないよ！」となる。

ちゃんと計算をして、開店にかけるお金を1000万円にしておいて、残りの1000万円をプールしておいたとする。それでも、すぐにその残りのお金に手をつけることになるだろうし、そこからはびっくりするようなペースでお金は減っていく。

逆に言えば、早い段階でギブアップをすれば、多少のお金を残して、別の道を進めるんじゃないかな。

そういえば、固定費について詳しく触れていなかった。ウチの店の場合、家賃と光熱費、そして駐車場代も入れて、だいたい月に50万から60万円は消えていく。いや、もっとだな。店にかけている保険料（火災など）もあるし、年払いをしている冷蔵庫などの保守料も月割で考えたら、なんにもしなくても、80万円くらいの金が飛んでいってしまうことになる。まったくお客さんが来なくても、こればっかりは払わないわけにはいかないから頭も財布も痛い。

これがこまかいローキックのように効いてくる。

今振り返ると、オープン当初はお客さんもたくさん来てくれていた。フロアにバイトをたくさん雇っていたけれど、それでもお客さんに「全然、人が足りていないじゃないですか」と指摘されるぐらい、特に週末はにぎわっていた。

これは有名人の店の特権だ。あのプロレスラーの川田利明が店を出した、というニュースは話題になったし、プロレスファンを中心に「じゃあ、いっぺん行ってみようか」となる。ある意味で餞別《せんべつ》みたいなものかな。

おかげさまでいいスタートダッシュが切れたと思う。それこそ、後楽園ホールでプロレスを見たあとに総武線で新宿に出て、そこから小田急線に乗り換えて成城学園前駅で降り、わざわざタクシーに乗って店まで来てくれた。普通の飲食店だったら、そんな面倒な手順を踏んでまで来てくれないからね。

この時点ではどんな味なのかもわからないわけで、純粋に「あの川田の店に行く」ということが目的になっているわけだ。

だからこそ、俺は毎日、店に出ることにこだわった。

厨房は俺ひとりで回しているから、俺がいなかったら、そもそも店を開けることもできないんだけど、たとえばテレビのプロレス中継で解説をすることになったら、そのことを告知した上で「その日は店休日にさせていただきます」と事前にアナウンスする。お客さんの目的を考えたら、それが最低限の礼儀なんじゃないか、と思っているから、そこは10年目を迎えた今でも徹底している。

まぁ、それは決してプラスになるだけの話ではないんだけど……それについては、またあとで詳しく書きます。

とにかく店は繁盛していた。

バイトもたくさんいた。

でも、赤字は拡大する一方だった。

これが経営の難しさというか、飲食店ならではの厳しさなんだ。

ファンの人の存在はもちろんありがたかったけど、遠方のファンの人では通える回数に限界があるからね。

アクセスが悪い場所なので、たとえ都内在住の人でも、近所の人以外がリピーターになってくれる可能性はかなり低い。だって、乗り換えのために新宿まで出たら、そこにはどんな種類の飲食店もあるんだし、そこで食事を済ませるよね、普通は。

「旨い麺を出せば客は来る!」そんな考え方が赤字を膨らませた

「川田さん、ラーメンの原価率はどのぐらいなんですか?」

開店から少し経った頃、そんなことを聞かれて、ハッとしたことがある。まったく考えていなかった、と言ったらウソになるけれども、細かく計算するだけの余裕がなかった。いや、細かく計算してしまうと、これじゃ何百杯売っても、たいした利益にならないよ、とわかってしまうのが怖かったのかもしれない。ちゃんと原価率を計算して、ラーメン一杯につき、どれだけの利益が出るのかを知っておくのは「経営者」として当たり前のこと。一般的に、ラーメン屋を回していくには一日50~80杯が最低ノルマというのは今でこそ知っているけれど、そこで「料理人」としての理想と、初心者ゆえの無知ぶりが出てしまった。

「原価率なんて、細かいことはあとで考えればいい。とにかく、今は美味しい料理を出すこと。そうすれば必ず、お客さんは集まってくる!」

この自己陶酔、飲食店で失敗してしまう人の典型例です。

もちろん大前提として、美味しい料理を提供するのは大切なことではあるけれども、それが集客にすぐ結びつくほど、飲食の世界は簡単ではない。

今、日本には約３万軒ものラーメン屋が存在する。

数を聞いてもピンと来ないかもしれないけれども、町でよく見かける牛丼チェーンと比較してみよう。牛丼の大手３社の店舗数をすべて足してもたった４１０0店ぐらいだというから、いかにラーメン屋の数が多いかがわかるだろう。あれだけ目につく看板の、７倍以上もあるんだから。

当然、どの店も「旨いラーメンを食わせる」という部分で本気になって取り組んでいるわけで、旨いのは当たり前だし、それは最低条件。そこにプラスアルファがなければ、お客さんはやって来てくれないし、人気店になんてなれない。

ただ、そうじゃない発想も必要なのだろう。ある大手ラーメンチェーン店の社長がテレビに出ているのを見たんだけど、その社長の言葉に俺は絶句してしまった。

「旨いものを作る必要なんてない！」

飲食店を経営する社長が、こんなことを言ってもいいのか？　と耳を疑ったが、その後の説明を聞いて、なるほどな、と納得した。

結局のところ「これはすごく旨い！」という食べ物は、その味の余韻が強く残ってしまうので、「明日もまた食べよう」とはならない。ちょっと間を空けて、週に一回、月に一回でいいや、という気分になってしまうわけだ。

高級な料理であれば、それでも店の経営は成り立つけれど、ラーメン屋で常連さんが月イチでしか来てくれなくなったら、もはや死活問題である。

だからラーメンのように比較的安価な外食に関しては、「ものすごく旨い、というわけでもないけれど、まずくもない」ぐらいがちょうどいい、とその社長は持論を語っていた。そのレベルの商品をリーズナブルな価格帯かつ安定した味で提供すれば、お客さんは「今日もここでいいか」と、毎日のように来てくれるようになる。

もちろんいい意味での「今日もここでいいか」だ。ファミリーでシェアして食べる。サラリーマンが駅近のお店にランチとして通う。飲み会の締めとしてもう一杯のビールと食べなれたラーメンをすする。気軽に足を運べるのは大事なんだよね。

これは決して理想論ではなく、実際に全国にチェーン展開をして、大成功を収めている会社の社長が語っている「現実」である。

「目から鱗」とはこういうことをいうんだな。もちろん原価も徹底して管理しているだろうから、その話には後頭部にラリアットを喰らったかのような衝撃を受けたよ。

原価率も深く考えずに、とにかく美味しいものを――と味を追求し続けてきた俺にとっては、ちょっとしたカルチャーショックだったが、その社長が続けて口にした「成功のための条件」には完全にノックアウトされた。

・家賃は高くても駅近

・狭くてもいいから駅前に店を出す

・外から店全体が見渡せる入りやすい店にする

俺の店は家賃も高いし、駅から遠い。しかも半地下の構造なので外からは店の中がまったく見えなくなっている。すべてが真逆だ。まさに「してはいけない」ことをやっていると太鼓判を押されてしまったようなものだ。

もはや店の場所を変えることはできない。結局のところ、美味しいものを提供しつつ、お客さんが飽きずに何度もお店に通い続けてくれるような工夫を自分なりにしていくしか俺にはないのだが、やっぱり「俺だけの一杯」にこだわってしまった。そうこうしているうちにも赤字はどんどん膨れ上がっていった。

意地でも店を存続させるために……俺は全財産を失ってしまった

赤字がどんどん積み重なり、資金繰りが苦しくなってくると、俺は私財を売り払って、それを店の運転資金に充当するようになった。

正直、蓄えはそんなにはなかった。プロレスファンなら知っているだろうけど、全日本プロレスのファイトマネーはそんなに高くなかった。一方、ライバル団体の新日本プロレスは、スター選手になるとけっこうな年収を手にする。さらにテレビ番組や映画などへの出演も多かったから、副収入も多かったようだ。Tシャツやタオルなんかのグッズのロイヤリティもちゃんとあったみたいだね。

その時は「ウチはウチ、ヨソはヨソ」とあまり気にしていなかったけれど、新日本の人気選手の生活を見ていると、「やっぱり格差は大きいな」と実感させられたし、俺のセカンドキャリアもちょっとは違っていたかもしれない。

さっきの「旨いものを出していれば客が来るとは限らない」という話は、そのままプロレスにも当てはまるだろう。

俺たちはお客さんに満足してもらうために、全力で闘っていても、地方に行くと会場はガラガラということは少なくなかった。ただ、そこで「これしかお客さんがいないんだから……」と手を抜いた試合をしてしまったら、次にこの会場で試合をする時には、もっとお客さんが少なくなってしまうかもしれない。だから俺は若手の頃から常にベストを尽くして闘った。

それが定着して、どこに行ってもお客さんがいっぱい入るようになったのは、日本を何周も巡業してから。超世代軍から四天王プロレスの時代は、どこに行ってもたくさんのお客さんが来てくれたよ。

でも『全日本プロレス中継』の放送時間が深夜になってからは、ジワジワと地方からお客さんが減っていった。

ただ、その時の俺は全日本プロレスの所属選手。馬場さんが社長だった時代は、どんなに観客動員が厳しくても、ファイトマネーの減額や遅延はまったくなかったので、そこまでシビアには考えなかったが、自分で店を持つと、お客さんが減る＝即座に資金繰りが苦しくなってしまうので、悠長に構えてなんていられない。

そうそう。ファイトマネーが安いといっても、同世代のサラリーマンと比べたら、おそらく、たくさんもらっていたほうになるとは思う。

試合数も年間で150試合以上はあったのかな。当時は都内にいる時は、毎日、飲んで、そこから家までタクシーで帰ってくるような生活をしていた。それだけで一日に何万円も飛んでいってしまうのだが、それを普通にできるぐらいの収入はあった、ということかな。

この本の最初にも書いたように、セカンドキャリアについてはまったく考えていなかったので、将来に備えての貯蓄もそんなにしていなかった。

その分、車にだけはお金をかけた。

乗っていたのは、基本的にベンツだ。

よく「ベンツは安い車種から乗り始めて、稼ぎに合わせて、徐々にグレードを上げていくもの」といわれるけれど、俺の場合、いきなりSクラスを買った。

その後もどんどん乗り換えていったのだが、俺と三沢さんはそもそも車検を取ったことがない。それぐらい短いスパンで車を買い替えていたわけだ。これがプロレスラーとして唯一の贅沢のようなものだった。

店を始める時、俺はベンツを大中小含め3台、所有していた。

しかし、今は一台もない。

テレビ番組とかに呼ばれると、俺は自虐的なネタとして、「俺はベンツを3台、ラーメンのスープに溶かしました」と話すけれども、この店を存続させるためには、ベンツを売り払うしか、もう選択肢が残されていなかった。ネタではなく事実なのだ。

けっこう早い段階で3台とも売り払ってしまい、それからはずっと国産車に乗っている。哀しいけれど、これがラーメン屋を始めて直面した現実である。

さすがにベンツ。売るとけっこうな金額になるのだが、哀しいかな、それでも運転資金はすぐにショートしてしまう。仕方がないので、生命保険もすべて解約してしまった。つまり、俺は店を存続させるために、プロレスラーとして稼いできた金や車をすべて溶かしてしまったことになる。

そこまでして、店を続ける必要なんて、本当はないのかもしれない。

ただただ、俺の意地だけで、すべての財産を失ったのだ。

ここまで金を遣ってしまったら、撤退なんてできない。10年近くにわたり、意地と金だけを遣いまくったからこそ、潰すことなんて絶対にできないのだ。

味だけは妥協したくないから、いろんなところで節約三昧！

ベンツの話でドン引きしてしまった読者も多いかもしれないな。

俺が「開店資金はいくらあっても足りない」と繰り返し言うのは、こんな痛い目を見てきているからだ。この本を読んでいる人がラーメン屋を始めることになっても、決してここまでは粘らないように、ここで念を押しておきたい。そう、ドン引きされるぐらいでちょうどいい。

でも、金がないからといって、味を落とすことだけは絶対にしたくない。それ以外の部分で、どんどん節約していくしかなかった。

おかげさまで手先が器用だったので、業者に頼んだら何十万円もかかりそうなダクト工事も自分でやったし、オープン当初に買ったテーブルと椅子がペンキが剥がれてボロボロになってきたら、自分で張り替えてリメイクした。買いなおしたら、とんでもない出費になるからね。

自分でやれることは、すべて自分でやる。

個人経営の店で、最大の節約術はそこにあると思う。いや、そこにしかない。すっかり「起業貧乏」になってしまった俺だけど、「器用貧乏」に陥らないように、こんな細かいことで節約をしている。

店を始めたばかりの頃は知識と経験がなくて、今振り返れば、無駄遣いをしてきた部分も多々あった。お皿なんかでも「たくさん割ってしまって、足りなくなったらどうしよう」と必要以上に多く買ってしまいがちだったが、そのあたりは経験を重ねることで、かなり無駄は省けるようになってきた。

ただ、備品で譲れないことがひとつだけある。

最近、どの店でも割り箸を使わずに、洗って何度でも使える箸に移行してきている。表向きには「エコだから」となっているが、実は割り箸ってけっこう高いから、経費削減が本当の理由じゃないか、と俺は思っている。でもね、ラーメンを食べる時の食感は圧倒的に割り箸がいいでしょ？　エコも経費削減もたしかに大切だけど、ツルツルすべる箸でお客さんにストレスを与えたら申し訳ない。だから、俺は今でも割り箸をこだわって使っている。

絶対に回避できない「バイトテロ」を防ぐための究極の対策とは？

予算を削減しようと考えた時に、俺が真っ先に考えたのは「アルバイトを雇うのをやめる」ことだった。

厨房の中は俺ひとりだけど、店が広いので、本当はフロアにはたくさん店員がいたほうがいい。ただ、そこにもこだわりがあって、最初からバイトの採用条件として「これまでに飲食店での勤務経験がある人」という部分に重きを置いた。まったくの初心者にやって来られても、こっちは厨房を回すことだけで手いっぱいで、その人たちに指導をする余裕なんてない。だから、即戦力だけ採用した。

たしかに助かった。

でも、やっぱり無駄も多い。

お客さんがたくさんいる時には、本当に助かる存在だったけど、暇な時間帯、それこそお客さんがひとりも来なかった1時間にも、彼らには時給が発生する。俺は暇な時間を利用して仕込みとかをやるけれど、彼らはなんにもやることがない。

それでもお金を払うというのは、ちょっとどうなんだろう、と思い始めていた。

しかも22時を過ぎたら、時給を高くしなければいけない。お酒を飲んだお客さんが深夜になっても帰らない場合は、そのままバイトにも残ってもらっていたけど、そうなると、終電がなくなってしまうので、帰りのタクシー代も負担しなければならなくなる。これが予想外の大きな負担になった。

そもそも経営者とバイトは相容れない存在でもある。

経営者は「お客さんに喜んでもらう」ことを第一に考え、その先にいかにして利益を出して、店を大きくしていこうかと考える。会社でいえば、正社員の人たちもこれに近い考えを持っているんじゃないかと思う。

それに対してアルバイトは「1時間いくら」で働いている。極端な話、外に行列ができて、めちゃくちゃ忙しい1時間よりも、台風が近づいてきて、誰もやって来ない1時間のほうが、彼らにとっては楽に稼げることになってしまう。みんなが思っている以上に、天気が集客に与える影響は大きいんだ。特に駅近じゃない店は。

経営者が頭を抱えてしまうような状況を、バイトは喜んでいる、というのはどう考えてもおかしな状況だけれども、この仕組みだけは変えることができない。

昨今、ニュースを賑わせている「バイトテロ」も、こういう構造を考えたら、防ぎようがないということがわかる。

調理用の肉を床にこすりつける。

刺身をゴミ箱に投げ捨てたあと、それを拾って調理する。

調理器具を不衛生な手でベタベタ触ったりする。

……こんな様子をSNSなどにUPされたらたまったもんじゃない。

本当に忙しい時間帯だったら、そんなことをやっている暇はないから、おそらくお客さんが少ない時間の暇つぶしにやっているのだろう。ものすごく暇だけど、時給は保証されているし、じゃあ、みんなで遊ぼうぜ、というノリになってしまう。「なんで身バレするのにわざわざ動画でUPするの？」とは思うけどね。

前述したような行為は、飲食店にとっては文字どおりの死活問題になってくるけれども、それはあくまでも経営者としての感覚であり、バイトの子たちにとっては、そんなに深い考えはないんだろう。きっと昔からこういうことはあちこちで起きていて、カメラ付きのスマホが普及し、それを公開できるSNSが広まったから、こうやって騒ぎになっているだけの話なんだと思う。

それでも経営側からしたら、時給を払っている上に、お店の看板を傷つけられたらたまったもんじゃない。まさに「バイトテロ」だ。どうしても防げないバイトテロだけど、ひとつだけ究極の対策がある。

それは「バイトを雇わない」ことだ。

俺の知る限り、ウチではバイトテロは起きなかったけれど、結果として人件費削減のために、すべてのバイトとの契約を解除した。

さすがにいきなりだと店が回らなくなるので、忙しい週末だけは知り合いの焼き肉店からバイトのおねえさんを借りていたけれども、段階的にそれも打ち切って、「厨房は俺ひとり、フロアには店員をひとり」というもっともコンパクトかつリーズナブルな体制をつくり上げた。それは今も続くシステムだ。

もっとも、人件費の削減にはなるのだが、来てくれたお客さんを待たせることが多くなってしまう。それではお店が回りっこない。フロアには対応係がひとりしかいないから、レジで会計をしている時に、新たな注文を受けられなくなってしまうからだ。そこで俺はある「秘密兵器」を投入することにした。

万能兵器の「自動券売機」は意外にも気難しい子だった⁉

バイトを雇うのをやめ、それでもスムーズに店を回すために導入した秘密兵器、それは「自動券売機」だった。

入店したお客さんは、まずこの券売機で食べたいものを購入してもらう。これで注文を取る手間も、会計をする手間もすべて省けることになる。これによって厨房にひとり、フロアひとりのふたり体制での営業が可能となった。おかげで人件費を大幅に削減することに成功した。

しかし、この自動券売機がけっこう高くて……ざっくり言うと、軽自動車が一台、買えてしまうぐらいの値段だ。イメージしていたよりも、かなり高かった。

ラーメン屋だと、よくカウンターの上に小さな券売機が置かれているケースも多いけれど、実はあれでも50万～60万円はする。値段感としてはウチもそれでよかったんだけど、手作りのサイドメニューが多いのが俺のこだわり。小さな券売機では厳しかった。結果、かなり大きな……それこそ家庭用の冷蔵庫ぐらいの大きさの券売機が店を入ったところに設置されることになった。

予想以上に高かったけれど、バイトに支払う人件費を考えた場合、長い目で見たら、確実にこちらのほうが安上がりになる。文句ひとつ言わないし、何よりも「お客さんがいないのに時給を払わなくちゃいけないのか」とイライラすることもなくなる。いろいろな意味で、券売機は導入してよかった。

最近ではこのシステムで営業をしている飲食店が増えてきたので、お客さんにも、そんなに抵抗感もなく使っていただけているようで、特段、「不便だ」という声も俺の耳には届いてはいない。

ただ、ひとつだけ難点があった。

これは導入してみて、初めてわかったことなのだが、とにかく初期設定に時間がかかって大変なのだ。

メニューボタンの部分には、とりあえずメニューを書いた紙を差し込めばいいのだが、それはあくまでも機械の「表」の話。機械に「このボタンを押したら、この食券を出すように」と理解させるために、いわゆる暗号みたいなものを入力するのだが、それが非常に面倒なのだ。

たとえば「鶏白湯《とりぱいたん》ラーメン」と登録する時。キーボードで「鶏白湯ラーメン」

と入力して終わり、というイージーなイメージだったのだが、やっぱりお金を扱う機械だけに、とにかくセキュリティーが厳しい。1文字登録するごとに、暗号を4個も入力しなくてはいけない。

ひとつのメニューを登録するだけでも手間のかかる仕事なのに、サイドメニューからドリンクまで入力していったら、その作業だけに没頭しても一日仕事になってしまう。きっと、普段、何気なく利用しているジュースの自動販売機も同じようなシステムになっているのだろうが、こうやって自分の店に導入しなかったら、こんな苦労は一生、知ることはなかっただろうね。

お金の管理もするのだから、冷静に考えたら当たり前の手間なんだろうけど、子どもの頃からボタンを押せば、そこに表示された商品が出てくるのが日常の光景になっていたから、本当にびっくりした。

もちろん、業者に頼めば、すべて設定してくれる。くれるのだが、これだけ手間がかかるということは、当然のことながら、値段もかなり高い。大手チェーンが大量に購入したらサービスでやってくれるかもしれないが、個人の店ではそうはいかない。

人件費を削減するために券売機を導入したというのに、こんなことにわざわざ高いお金をかけていたら本末転倒だ。エアコンも機械代以外に設置代や古い機械の引き取り代を払わなきゃいけないよね。世の中は本当にお金がかかる仕組みになっている。でも、機械の値段が高いので、これ以上、お金を遣うわけにはいかない。

というわけで、延々と機械に暗号を打ち込む、というラーメン屋とは無縁のように見える作業を俺は定休日にコツコツとやっていた。

本音を言うと、お金を払ってでも業者にやってほしい。でも、ウチは定期的にメニューを入れ替えるから、その時にはまた変更しなくてはいけなくなるわけで、自分でできるようになっておいたほうが絶対にいい。

こうして「麺ジャラスK・第三の従業員」となった自動券売機。そろそろ元は取れたような気もするが、文句も言わなければ、ズル休みもしない分、ある日突然、故障して動かなくなってしまったらどうしよう、という恐怖心はうっすら抱いている。部品交換だけで5万円もかかったのだが、それ以上にあまりにも頼りすぎているので、もし、営業時間中に動かなくなってしまったら……と考えるだけでゾッとする。

賛否両論の「ハウスルール」はお客さんのために存在する！

「必ず最初にラーメンを人数分、注文してください」

これはひとつの例なんだけど、ウチの自動券売機にはさまざまな注意書きがベタベタと貼りつけてある。

これまでも、俺はいろんな「ハウスルール」をつくってきた。その度に「食べるものぐらい客に決めさせろ！」「どうして店にいちいち指示されなくちゃいけないんだ！」とネットなんかで叩かれまくった。たしかにそんなルール、つくらないのに越したことはない。でも、そうせざるを得なくなった理由はたくさんある。

冒頭に掲げた「必ず最初にラーメンを人数分、注文してください」というルールは、つまるところ、お客さんへの提供時間をなるべく早くしたいからだ。

これは自分で店を始めてから学んだことだけど、ラーメンが好きな人たちって、店の前で1時間でも2時間でも平気で並べるのに、いざ店に入って席に座ると、不思議なもので、そこで待たされることに我慢できない人が多い。ほんの5分、10分の話なのに、とにかく早く出してほしいと願うのだ。長く並んだ分、お腹も空いてくるからすぐに食べたいんだろうね。その希望がわかったので、じゃあ、なんとかしてお客さんに早くラーメンを提供しよう、と考えるようになった。

ひとつの工夫として、厨房から離れた店内の一部にカーテンをかけて、そのスペースは通常の営業時には閉鎖するようにした。そこまでお客さんが入ってしまった場合、どうしても提供するまでに、時間がかかってしまうからだ。

目先の利益だけを考えたら、どんどんお客さんを詰め込むべきなんだろうけど、結果として、それがお客さんにとって「注文からの待ち時間が長い」というストレスになってしまうのであれば、その要因はこちらで排除すべきだ、と判断した。

お酒を飲みながら、おつまみも食べて、シメにラーメンを食べたい、という方もたくさんいるけれど、最後の最後にオーダーされてしまうと、どうしても待っていただく時間が長くなる。つまり、お客さんが食べたいタイミングでラーメンを提供できなくなってしまうので、それを避けるためにも、まずラーメンをオーダーしていただいて、お酒とおつまみのあとのシメで食べたいのであれば、その順番で出します、という形を取るようにした。ウチではラーメンの単価がいちばん高いという理由もあるけどね。

「俺がひとりで厨房を回している」という、こっち側の都合からできてしまったルールではあるけれども、最終的にはお客さんがストレスなく食事ができることを念頭に置いていることだけは、わかっていただきたい。

実はラーメン店ではこの状況を逆手に取ることが多い。

提供時間が長くかかれば、当然のことながら客席の回転は悪くなる。結果、待っているお客さんが店の外に並ぶようなことになる。いわゆる「行列のできるラーメン店」の何割かは、このトリックを使って、あえて行列を演出しているのだ。

これも立派な戦略だと思うし、「行列」は店にとって最高の看板になるので、多少、回転率が悪くなっても、最終的には損はしないだろう。

ただ、これは有名人の店の性《さが》なのか、ウチの場合、あまりお客さんは並んでくれないのだ。これは「俺が常に店にいる」ということをアピールしているからかもしれないけれど、「すみません、今は満席です」と言うと、たいがいのお客さんが「じゃあ、また今度来ます」と並ばずに帰ってしまう。

「いつ来ても、川田選手はいるんでしょ？」

だったら、わざわざ今日並ばなくても、今度、空いていそうな時にまた来ればいい、ということらしい。このあたりはなんとも難しいところだ。

もうひとつの理由としては、安いサイドメニューだけ頼んで長居をするお客さんが少なからずいるため「必ずラーメンを注文してください」とお願いしている。もちろん自慢のラーメンを食べてほしいという気持ちもあるんだけど、居酒屋感覚で来られてしまうと困る、というのが本音だ。

極端な例では、380円のデザートを頼んで、それを10人で分けて食べる、ということが実際にあった。ひとり頭38円だ！

こういったケースの多くは俺のファンだった人で、あれこれ話をしたいから、カウンターに座って、けっこうな時間、粘られる。それをやられてしまうと、文字どおり、こちらとしては「商売あがったり」だ。いちいち注意して、お互いに嫌な気持ちになるぐらいだったら、最初からルールを決めてしまったほうがいい、というのが俺の考え方です。読者の皆さんには想像がつかないかもしれないけど、飲食の商売をやっていると、信じられない言動をする人が来るのだ。

お酒を飲むお客さんのほうが理不尽なことを言わない法則

自分の「デンジャラスK」というニックネームをもじった名前でお店をやっているので、昔からのファンの方がたくさん足を運んでくれる。それはありがたいことなんだけど、たまには困惑してしまうこともある。

「川田さんにずっと会いたかったんですよ！」

そう言ってくれることは、素直に嬉しい。でも厨房には俺ひとりしかいないので、個別にお客さんとおしゃべりをしている時間は基本的にない。カウンターに座っていれば、厨房の中が丸見えなので、「あえて説明しなくてもわかってくれるだろう」と思っていたけれど、現実にはなかなかそうはいかない。

ラーメン一杯で何時間もカウンター席を独占して、いろいろと話しかけられても、俺は対応できないし、売り上げ的にも店としても困ってしまう。

一度、そういうことをツイッターでつぶやいたことがある。

「お客さんに個別に対応はできません」

「厨房で調理中の声がけはご遠慮ください」

などなど。そのあとに来たお客さんが「川田さんの大ファンです！」と声をかけてくれたので「じゃあ、俺のツイッターも見てくれてます？」と聞いたら「もちろんですよ！」。あぁ、だったらわかってくれているかな、と安心していたら、そこからずっと話しかけられて困惑したこともある。

念を押して「ツイッター、見てくれてるんですよね？」と遠回しに困っているサインを出しても「もちろんですよ！　それでね、川田さん、聞いてくださいよ。ボクは学生時代に日本武道館で川田さんの試合を……」となる。

やっぱり、いろいろとルールは明文化しないとダメだ、とその時に思ったよ。俺だって本当はお客さんとコミュニケーションは取りたいんだけどね。

来店した記念に一緒に写真を撮りたい、というお客さんもたくさんいる。

オープン当初はそのすべてに応じていたけれど、その度に調理の手が止まってしまう。結果的に料理の提供時間が遅れてしまうようになった。

そこで「記念写真はTシャツを購入してくださった方のみにします」というルールをひとつ追加した。これもTシャツを売りたいがためではなく、すべてのお客さんに平等にラーメンを味わってほしいからだ。

重ねて言うけど、別にTシャツを売って儲けよう、という魂胆があるわけではなく、そういうハードルをひとつ設けないとキリがないとわかったから。

さらに「忙しい時は一緒に撮れないので、お待ちいただくこともあります」という但し書きも添えた。いちいちうるさいな、と思われるかもしれないけれど、これぐらいくどく説明しないと理解してもらえないのだ。

補足しておくけど、常識的なお客さんが大半で、困ったお客さんは一部だけ。でもその一部で支障が出るから商売は難しい。

最近、他のラーメン屋で「食事は15分以内に済ませてください」「店内の写真撮影はご遠慮ください」など、一見、厳しいなっていうハウスルールを見かけるけど、その店ごとの事情もあるんだよね。

ちなみに今ではもっと話したい方、コミュニケーションを取りたい方のために、店でイベントを開催することを増やした。

そうそう、以前にランチタイムにラーメンをオーダーするとカレーライスを無料で提供する、というサービスを展開したことがあった。

あくまでも無料なので、夜に出す料理ほど手はかけられないけれども、お出しするのはミニカレーではなく、普通の大きさのカレーライス。ラーメンと合わせると、けっこうなボリュームになるので、お客さんにも好評だったんだけど、残念ながらサービスを休止することになってしまった。

それは「無料のカレーライスだけくれ！」という方がたくさん来てしまったからだ。どう考えても、ラーメンを注文したら、そのおまけとしてカレーライスを付けますよ、という意味なのに「そこに『カレー無料』って書いてあるじゃないか！」と言う。それがひとりではなく、何人も続いたので、誤解を招くぐらいだったら、とサービスを打ち切り、いろいろと但し書きをつけて説明するようにしたんだ。

少人数で運営しているので、そういったクレームを付けられると、もうお手上げ。だから、気が付いたら自動券売機には注釈の紙がベタベタと貼られ、ついには「ここに書かれていることを読んで、それでもわからないことがあったら店員に声をかけてください」という「但し書きの、さらに但し書き」まで付けた。

さっきのツイッターのエピソードもそうだけど、こちらの説明をよく読まずに声をかけてくる方が多いので、そこはもう自衛策だ。

こういう話を書くと、「夜はお酒を飲むお客さんがたくさんいるから、もっと大変でしょ？」と言われるんだけど、これが意外なことに、お酒を飲むお客さんは、まったくといっていいほど理不尽なことを言ってこない。

こればっかりは本当に「謎の法則」としか言いようがないんだけど、10年やってきてお酒を飲むお客さんの言動で嫌な思いをさせられたことは、皆無に等しい。ひょっとしたら、お酒をたくさん飲む人のほうが「たしなみ方」をわかっているのかな。こういうことがあるから飲食業や接客業は本当に奥が深い！

王道の定番だけでなく サイドメニューにも全力を注ぐ理由

ウチの店では今、「カレー白湯ラーメン」と「鶏白湯ラーメン」をオススメの商品として提供している。

カレーというと「それって、味をごまかそうとしているんじゃないの？」と言われがちなんだけど、それこそ全日本プロレスの道場で作っていたようなカレーちゃんこだったら、効率重視という意味では否定はしない。でも今、俺が作っているラーメンに対して、そう言われてしまうのは心外だ。

スープの出汁《だし》がしっかりと取れていなければ、カレーで味をごまかすことすらできない。そう説明しても「カレーの味で出汁の味がわからない」と言う方もいる。本当にいるんだよね、こう言ってくるお客さんが。

「出汁がしっかり味を出しているからこそ、カレースープの味が活きてくるんだ」

そう直接、言いたいところなんだけど、そんな時間もないので、こうして本に書かせてもらいました。

今はこの2種類が定番で、おかげさまでお客さんにも支持されているけど、いつか飽きられてしまったら、ガラッとスープを変える必要もあるかな、と考えている。実際、これまでもいろいろ試してきているし、白湯スープ専門店と謳っているわけでもないので、チャレンジの余地はある。

これもまた個人経営の店としては難しいところだ。

ぶっちゃけ、何かひとつのメニューに特化したほうが楽なんだ。こっちもひとつの種類の料理しか出さなくて済むから、仕込みの時間が大幅に短くなるし、食材の仕入れのリスクも減る。当然、お客さんの回転も速くなる。

ただ、飽きられてしまったら、本当にそれまでだ。

もっと言えば、世の中のブームに乗っかって、その料理だけの専門店を出してしまったら、ブームが終わるよりも早く、客足は途絶えてしまうはずだ。今の「タピオカブーム」だっていつ終わるかはわからないし、タピオカ専門店の将来は決して明るいだけのものではないだろう。

効率のみを重視すれば、どこかでその歪みは必ず返ってくる。そんな冒険、俺にはできないし、これから開業しようとしている人にはよく考えてもらいたい。長く続けたいなら、流行《はや》りに乗っかることだけは絶対にやめたほうがいいよ。パッと稼いで、サッと撤退する勇気があるのなら別だけど、ブームの終わりなんて誰にも読めないから、やめ際を予測するのはまず不可能だ。

ウチはラーメンだけじゃなくて、サイドメニューにも定番商品がある。店の看板に「ラーメンと唐揚げの店」と書いているように、唐揚げは夜のメニューの大定番だし、ボリュームのある肉皿も人気だ。

こちらも自信を持って提供しているし、お客さんにも好評だけれども、これもいつ飽きられてしまうかわからない。常連のお客さんはこのメニューをお目当てに来てくれているかもしれないけど、「この唐揚げには飽きたな」と感じた瞬間、その人はもう常連であることをやめてしまうかもしれない。だからこそ、俺は常に新しいサイドメニューを考えているんだ。

実際、期間限定メニューと呼ばれるものを常に提供している。ただでさえ手一杯なのに、新しいメニューを考え、試作し、商品化するのはとんでもなく労力がかかる。でも、いつも来てくれるお客さんが「おっ、新しいメニューがあるんだ。ちょっと食べてみようかな」と思ってくれたら嬉しいし、新メニューを一度、食べることによって、定番の味がまた新鮮に感じられるかもしれない。

もちろん期間限定で出しているものが、いずれ看板メニューに化けるかもしれないし、「この店に来れば、いつも新しいメニューがある」と思ってもらえれば、それも来店意欲を掻き立てる大きな要因になりうる。

ひとつの味に固執するのではなく、王道を守りつつも、革新的なチャレンジも忘れないのが「俺流」なんだ。券売機の更新作業は大変だけどね。

ただ、ちょっと困惑してしまうのが「初めて来ました」というお客さんに限って、期間限定メニューを注文しがち、という事実だ。

俺も「お客さん、初めてだったら、まずはオススメのカレー白湯から食べてみてください」と言ってはきたんだけど、人間って、一度「これが食べたい」と心に決めてしまったら、もう変えることは難しい。だから、券売機の目立つところに「初めてのお客様にはカレー白湯をオススメします」と貼りつけた。王道商品があってこそのサイドメニューだと思っているからね。商売っていうのはこんな感じで、一事が万事、本当に思いどおりにはいかないもんだ。

1万5000円の「超ヘビー級」な限定メニューを売り出した意図

限定メニューといえば、常連の方にはすっかり浸透したけど、予約限定で3kgもある「ローストポーク」も提供している。

値段は1万5000円だ。金額だけ聞くと「高すぎる！」と思われるかもしれないけれど、同業者からは「その値段じゃまったく儲からないよね」と呆れられる。

たしかに儲けはほぼない。

でも、このメニューが話題になれば「今度、食べにいってみようか」と考えてくれる人が必ず出てくる。だけど、さすがに3kgはひとりでは食べきれないから、友人を誘って来てくれるんだ。

5人なり、10人なりで来店してくれて、ローストポークをシェアしながら、ラーメンや他のメニューも食べてもらう。結果、新規のお客さんの呼び込みにもなるし、そこから新たな常連さんが生まれるかもしれない。

つまり3kgのローストポークは、まさに「原価無視」で、ウチの店に足を運んでもらうための〝裏メニュー〟だから、そこで利益を取ることは考えていない。

間違いなく「インスタ映え」もするメニューなので、これを食べに来てくれた人は、みんな写真をアップしてくれる。それがまた宣伝効果になればありがたい。

何度も書いているように立地条件が悪く、それでいて長く続いている店なので、新規のお客さんに来てもらうのは、なかなか難しい。

常連さんが飽きないように、どんどん新メニューを開発し、インパクト絶大な看板メニューでより世間に届けていく。これからもずっとこの店を続けていきたいからこそ、「手間」と「時間」はこれまで以上にかけなくてはいけないと思っている。3kgのローストポークを食べるだけの人数が来てくれるお店でもあり続けないとね。

やっぱり俺は「ラーメン屋」ではないのかもしれない……

第2章でも書いたように、俺はラーメン屋になりたくてなったわけではなく、俺の前にこの店を借りていた人がラーメン屋だった、というシンプルな理由でラーメンをメインとした店をオープンさせた。

10年目を迎えてしみじみ思うのは、「飲食店の中でもラーメン屋は特に大変だな」ということだ。本当にこれに尽きる。

結局、ラーメンというのは「完成形」を提供しなくてはいけない。たとえば焼肉屋だったら、肉を切って、味付けはするけれど、最終的な「焼く」という工程はお客さんに任せてしまう。基本、お好み焼きもそうだよね。お店のスタイルによるけど、多くは具材を混ぜるところからお客さんにバトンを渡す。たぶん、そういう工程込みでお客さんは楽しんでいるんだろうけど、ラーメンと比べると「お店側の手間がかからなくていいなぁ」と思ってしまうのが正直なところだ。

もちろん鉄板の掃除など、ラーメン屋とは違う部分での苦労は多いんだろうけど、ラーメン屋の厳しさ、ツラさをより感じてしまう。逆説的には「お客さんにバトンタッチ」というシステムを最初に考案した人はすごいなと思うよ。

お客さんは「手間」を買ってくれない、ということはすでに書いたけれども、ラーメンというのは真面目に向き合えば向き合うほど、目に見えない部分での手間がものすごくかかってしまう。

そして、目に見えない部分だからこそ、それを値段に乗せにくい。そもそもが700円とか800円というのが、一般的なラーメンの価格帯だから、1000円を超える値付けはちょっとしにくいというのが現実だ。

最初の頃はトッピングをたくさん用意して、それも注文してもらうことで、ラーメン一杯あたりの単価を上げようとも思ったけれども、実際にやってみたら、想像していた以上に、みんなトッピングを注文してくれなかった。100円、200円のトッピングでも、それを乗せることでラーメンが1000円を超えてしまう、というのはちょっとしたハードルになってしまうのかもしれない。

開業を目指す人で、ラーメンにトッピングを乗せるのは当たり前だと思っている人は、十二分に気をつけたほうがいい。想像以上に、注文してくれないからね。そのために手間と時間をかけるのはもったいない、と忠告しておこう。

ちなみにサイドメニューも含めて、すべての料理を、仕込みからすべて自分でやっているけれども、そこにはある工程だけは含まれていない。

それは「麺作り」である。

麺だけは自分で打たず、製麺所から仕入れている。

さすがにそこまでの余裕はないし、麺を打つスペースを作り、そのための機械を購入することまで考えたら、ちょっと現実的ではなかった。

どうしてもラーメン屋になりたい！　という気持ちで始めていたら、そこにもこだわっていたかもしれないけれど、なんとか割り切ることができた。

その代わり、麺のチョイスにはこだわっている。

さっきも書いたように、なるべくお客さんを待たせたくないので、とにかく茹で時間があまり長くないものを選ぶようにしている。もちろん固さや太さも大事だけれども、それはスープとの相性もあるので、総合的に考えなくてはいけないし、スープを変える度に、そのスープに合う麺に変えてきている。

そういえば昔「支那そばや」の創業者で、テレビでもおなじみだったラーメンの鬼・佐野実さんがこんなことを言っていた。

「スープと麺を作ってこそ、ラーメン屋だ」

ということは、佐野さんに言わせれば、俺はラーメン屋じゃなくて「スープ屋」になるのかな？

それでも、旨いラーメンを提供できれば、俺はいいと思っている。これからラーメン屋を目指す人は、その覚悟が必要だよ。

俺みたいにすべての財産をスープに溶かしてでも、店を守るような人間になれるか？　いや、なってしまってはいけないんだけど、ちょっと小銭を稼ごう、ぐらいの気持ちで入って来れる世界ではない。極論を言うと「ラーメン屋で儲けようなんて考えるな！」ということだ。

あらためて言っておくけど、この本にはふたつの目的がある。

ひとつは、「やっぱりラーメン屋を始めるのはやめた」と思ってもらうこと。

もうひとつは、俺の失敗を反面教師として、ビジネスを成功させてほしい、ということ。だから、ここまでは俺の経験談というか、失敗談をメインに書いてきたけれど、次の章ではもう少しビジネス論に寄せた話を書いてみたい。

ある意味、この章のエピソードは「自分との闘い」だったけれども、店を経営していく上では競合店とも闘わなくてはならない。

絶対に負けられない〝団体対抗戦〟みたいなものだけど、「こんなのに勝てっこないだろ！」という話が山ほど出てくる。でも、令和の時代を生き残るには、ここが本当に大事なのだ。

第4章

個人経営店の難敵!
ラベリング効果と
大手チェーン店の奇策

10年続くラーメン屋はたったの1割！

3年以内に8割の店が廃業するサバイバル業界

ここまで読んだ人の中には、「なんだよ、川田。単純にラーメン屋をやる前のリサーチが不足していただけじゃないか」と思っている人もいるかもしれない。

正直、店をオープンさせるにあたって、いろいろと調査不足、認識不足なところも多々あったのは否定しない。でも最低限はちゃんと勉強したつもりだし、今ではこうやれば上手くいくはずだ、というノウハウも数多くの失敗から学んでいる。

ただ、それを知って成功できるんだったら、すべてのラーメン屋に大行列ができているはずだ。でも、実際には閑古鳥《かんこどり》が鳴いている店のほうが圧倒的に多い。

俺もさまざまなデータを取り寄せたけど、ある調査によると、1年で新規オープンするラーメン屋はだいたい3000軒だという。毎日10軒近いペースで、日本のどこかでラーメン屋が新たに暖簾《のれん》を掲げていることになるが、恐ろしいことに閉店していく店も、やはり約3000軒になるのだという。

ウチもそうだったけど、もともとラーメン店だったところに、また別のラーメン店がオープンするケースが多いということが、このデータからもわかる。トータルの店舗数は変わらないけれど、入れ替わりだけは非常に激しいわけだ。

つまり、ラーメン屋はものすごく参入しやすい外食産業であると同時に、続けていくのが極めて難しい業種、ということになる。

その厳しすぎる現実を裏付けるように、10年以上続けられている店はわずかに1割というデータもある。

さらに驚くべき数字がある。なんと、約8割の店がオープンから3年以内に廃業に追いやられており、4割程度の店は開店から1年持たずに閉店している、という。なんとも残酷な現実だが、あらためてデータを見せられるとゾッとするよ。

俺が経験してきたように、なんだかんだで莫大な開店資金がかかるのに、単価の安いラーメンでは、それを回収するのは困難であることを意味しているわけだ。

ここ数年、ラーメンよりも安価で、注文と同時にすぐ食べられるセルフスタイルのうどん店が大きく普及し、コンビニでも本格的なラーメンが気軽に購入できるようになるなど、ラーメン店を取り巻く環境はますます厳しくなってきている。

それでもなお、ラーメン屋を目指す人が多いというのは「当たったらデカい！」という印象が強いからなのだろうか。

昔からテレビ業界では「ラーメン、ペット、子ども」が視聴率を稼げる3大要素と言われているそうだ。

よく夕方のニュースのワイド企画で、ラーメン店を取り扱っているが、夕食どきにラーメンの映像を流しておくのが、テレビ局としては安全パイ。もちろん視聴者の「美味しいそうだな、食べたいな」という気持ちを掻き立てる、という狙いもあるだろう。そんな中で、ごく一部の人たちは、あの特集コーナーを見て「あんなに若い店主が、こんなに行列をつくっている。よしっ、俺も一念発起してラーメン屋をやってみるか！」とその気になっているのではないだろうか？

あまり言葉はよろしくないけれど、ああいう番組はまさに「綺麗事」。20分ぐらいの放送枠で3、4店舗を紹介するのだから「こんな変わった食材を使っている」「脱サラしてすぐに行列店に！」「年商はなんとン千万円」ということをアピールしていたら、もう放送時間がなくなってしまう。

俺がこの本で書いてきたような悪戦苦闘の日々はまるまるカットされて、華やかな部分だけをテレビで流すから、「脱サラ→ラーメン店開業」というのが、サラリーマンにとって身近な夢になってしまっているような気がしてならない。

実際、そうやってテレビで取り上げられるような話題の店も、10年後まで残っているのはたった1割……そういう現実が報じられないことも、ラーメン店の開業が簡単そうに映ってしまう要因になっていると思う。

テレビでの特集が「光」なら、この本で描いたのは「陰」。

その両方を頭に入れてから、開業に踏み切らないと、本当に「こんなはずじゃなかった！」と地獄を見ることになるのだ。

俺も地獄を見た。

ベンツを3台もスープに溶かしてしまった。

ただ、その地獄をなんとか生き抜いて、なんとか10年目を迎えることができた。

つまり、わずか1割しかいない「10年選手」にはなったわけだ。そこで学んだことを、この章では書いていければと思う。

たかがラーメン、されどラーメン
会社は絶対に辞めないほうがいい「ノビノビ」の意味を履き違えるな！

個人経営の店を出したい、と考えている人は多いと思う。日本の企業の「終身雇用神話」が崩れてきたことも、その要因ではあるだろう。

勘違いしている人がすごく多いので、あえてここに書いておくけれども、脱サラをして自分の店を構えたら、人間関係からも解放されるし、「好きなことをノビノビとやれるようになる」と考えているなら、それは大間違いだ。

なんとなく会社に縛られて、窮屈な毎日を送っているような感覚になっているのかもしれないけれど、会社を辞めて、初めてわかると思う。「あぁ、俺は会社という大きな組織に守られて、実はあの頃のほうがノビノビと生きていたんだな」と。

プロレスラーでも「俺はもっと評価されたい。会社はわかっていない！」と会社を飛び出して、自分で新団体を立ち上げる人間が一時期、ものすごく多かった。

自分がトップレスラーで、なおかつ社長。

たしかにやりたいことはできるかもしれないけれど、これもまたラーメン屋と同じで、新団体が10年以上にわたりきちんと継続できた例は、1割にも満たないだろう。実質、開店休場状態の団体は継続なんていえない。自分が見せたいものと、お客さんが見たいものが合致しなければ、お客さんは来てくれないし、お客さんに来てもらうために自分のやりたいことを我慢するようになったら、それこそ「ノビノビやれる」とは、逆行した生き方になってしまう。

すでに書いたことだが、俺は全日本プロレスに骨を埋めるつもりでいた。

馬場さんがまだ生きていたら、元子さんが経営に関わっていたら、間違いなく、俺はまだ全日本プロレスに残っていただろう。

経営者が変わり、会社の組織も変わり、最終的には未払いが続くようになってしまったので、生きていくために辞めざるを得なくなってしまったのは残念だったけれど、自分で独立して団体を立ち上げようなんて考えたこともなかったし、お世話になっていた天龍さんがＳＷＳに移籍した時も、高校からの先輩である三沢さんがプロレスリング・ノアを設立して多くのレスラーがそちらに動いた時も、俺はまったく迷わずに全日本プロレスに残った。

そんな俺がラーメン屋を立ち上げたのだから、レスラー仲間は本当にびっくりしたんじゃないかな？　「あいつがプロレスから離れるなんて！」とね。

それだけ俺は腹を括って、店をやっている。

でも、サラリーマンの人たちがそこまで腹を括ってラーメン屋をやる必要があるかな、と正直、俺は思ってしまう。

さっきもデータでお見せしたように、10年後も新規店が続いている可能性はわずか1割しかない。今、勤めている会社が10年後も存続している可能性は、きっとそれよりも高いはずだ。もちろん収入だって安定するだろうし、老後の年金支給だって多くなる。それを捨ててしまうのはどうなんだろうか？

10年後のこともそうだし、1年以内で4割が閉店に追い込まれているという事実を突きつけられても、あなたはまだラーメン屋をやりたいと思いますか？

東京だけでも3000店舗以上あるのに、あなたは本当に生き残れる自信や根拠はありますか？

俺の知り合いにも、どうしてもラーメン屋を続けたくて、店の場所を変え、味を変え、必死に頑張ってきた人がいるけれども、3回目の移転が失敗したことで、ついにギブアップ。今ではラーメンとはまったく別の飲食店を営んでいる。

そういう同業者の苦労も見てきているからこそ、「脱サラしても、ラーメン屋だけはやるな」と俺はこの本で言い続けている。俺の愚痴ばかりに聞こえるかもしれないけれど、それは違うんだ。

たかが、ラーメン。

されど、ラーメン。

たった一度の人生だからこそ、どこかで思い切って人生を賭けたくなる気持ちもわからないではないけれども、「1年で3000軒が潰れてしまっている」という異常なデータを見ても、人生を賭けられますか？

こんなギャンブル、なかなかない。いや、ギャンブルのほうがリターンに期待できるかもしれないな。ラーメン店で「万馬券」が出る確率は極めて小さいからね。

ちょっと街を歩けばわかると思うけど、全国どこでもあっちにもこっちにもライバル店がある。特にチェーン店は、もはや太刀打ちできない強さなんだ。

個人営業の店では絶対に敵わない！

大手チェーンの資本力と「オープンセール」という裏技

よっぽど辺鄙《へんぴ》なところに出店しない限り、間違いなく、同じ商圏の中には大手チェーン店が軒《のき》を連《つら》ねていると思う。

いわば最大のライバルというか商売敵《がたき》なのだが、これには「個人では絶対に敵《かな》わない！」と断言してしまってもいい。

基本的に大手チェーンはセントラルキッチンですべての食材を調達・加工して、それを各店舗に配送するシステムを取っている。

だから全国、どの店舗に入っても同じ味のものが出てくるし、食材も大量に仕入れているから、かなり安い値段で提供することが可能。ラーメンを３００円台で出されてしまうと……その価格設定は個人経営の店では絶対に無理だ。

俺が朝からやっている仕込み作業も、大手ではすべてセントラルキッチンで済ませているので、フランチャイズではその手間すらかからない。だから長時間営業も難しくない。午前から夜中まで開いている、ということが認知されているのも、ものすごい強みで、この部分でも個人経営の店ではとうてい太刀打ちできない。

もう、俺からしたら、大手チェーン店は「別モノ」と思ってほしいぐらいなんだけど、お客さんは同じ「ラーメン屋」というカテゴリーで並べて比較する。そんな店が近所にあったら、もう強敵どころの騒ぎではない。デビューしたばかりの新人が鶴田さんの三冠ベルトに挑むようなものだから、勝てるわけがないのだ。

もっとも、俺の店はそんなチェーン店すらも集客に苦しんで撤退してしまうようなエリアにあるんだけど、自分がお客さんの立場になって考えてみると、そこまで味にこだわらないのであれば、パッと料理が提供されて、半チャーハンや餃子を付けても５００円いくかいかないかの値段というのは、たしかに魅力的だ。

そんな巨大な敵と闘い、お客さんをぶんどってこないと経営は成り立たないわけで、これは相当、高いハードルになる。

そんなチェーン店が近所にあるだけでもこっちの商売は厳しくなるのに、大手チェーン店は巨大資本がバックにあるからこその「奇策」まで仕掛けてくる。

ある日、突然、チェーン店がなくなって、同じ場所に違うラーメン屋がすぐにオープンすることがある。

有名なチェーン店ですら苦戦した場所に、よく新しい店を出せるな、と思うかもしれないが、この裏にはある「からくり」があるのだ。

店の名前も違う。

外装もまるで違う。

スープの味もまったく違う。

でも、この店も、ちょっとまえに閉店した店も、経営している会社はまったく同じ。表向きわからないようにしているだけで、リニューアルオープンしただけなのだ。

なんだかんだ言って「新規オープン」「グランドオープン」という言葉にユーザーは弱い（同じくらい「閉店セール」にも弱い）。

そういった文言《もんごん》の入ったチラシに割引クーポンでも付ければ、「せっかくだから、一回、行ってみようぜ！」となる。そういった広告展開も、もちろん大手チェーンの資本力があってこそできることである。

しばらくして、集客力が落ちてきたら、また、まるで違うラーメン店に衣替えすれば、そこでも「新規オープン特需」にありつける。これを2～3年おきにやられると、コツコツやっているウチなんてバカバカしくなってしまう。

第3章で「常連さんに飽きられないように、常に新メニューを研究する」と書いたけど、大手の場合、「お客さんが飽きてきたな」とか「減ってきたな」と感じ始めたら、すべてリニューアルすることだって可能なのだ。それこそ塩ラーメンがメインだった店が、いきなりとんこつラーメンの専門店になったりする。

個人経営では、さすがにここまで思い切ったことはできないし、リニューアルに失敗してしまったら、それはもう閉店までのカウントダウン突入を意味する。あまりにもリスキーすぎるし、常連客をすべて失う可能性もある。

ちなみにラーメン店と同じような推移を見せるのが「うどん・そば屋」だ。うどん・そば店も、ラーメン店のように毎年3000軒から3500軒開店して、ほぼ同じ数だけ閉店しているそうだ。閉店の理由には大手チェーンの存在があるのは間違いない。店舗を探す時は自分の店の立地条件だけでなく、周辺のラーメン店の動向もチェックしておかないと、相次ぐオープン戦略にひっかき回されることになるだろう。

時代は〝インスタ映え〟が決める
味の評価は1割未満？「ラベリング効果」の恐ろしさ

あなたは「ラベリング効果」という言葉を知っていますか？

実はこの言葉こそ、昨今のラーメン屋、いや飲食業界において、もっとも重要なキーワードになってきている。簡単に説明すると、こうだ。

「あのラーメン屋は美味しいらしい」

「有名なモデルさんがよく通っているそうだ」

「有名なグルメサイトで星３つだって」

こういう話を何度も聞いていると、まだ食べたこともないのに、頭の中に「あそこは美味しい」という印象が貼りついてしまう。

実際にその店に行くと、ものすごい行列ができている。

その行列を見たことで、さらにありがたさが増し、実際に長時間、並んで入店したことで、より「美味しい」という感情がアップする。

そうやって、食べてもいないうちに「美味しい」が刷り込まれることで、いざ、ラーメンを食べた時に「あぁ、ものすごく美味しい！」となってしまうわけだ。

ちょっと専門的に言うと、周囲からのラベリング＝「レッテル貼り」によって評価が生み出されるもので、「ラベリング理論」とも言うそうだ。

最近、ちょっと有名店にいただけで、「あの○○で修業した」「あの○○出身です」と強調する店主が多いけど、それもラベリング効果を安易に狙ったものだろう。

この効果については、いろいろな人が研究していて「飲食店にとって、もっとも大事なのはラベリング効果。味覚は1割もない」とまで断言する専門家までいる。

第3章で「旨いものを提供していれば、お客さんが来てくれるというわけではない」と書いた真の理由はまさにここにある。「美味しいと感じる要素の9割は他にあって、味覚は1割」と言われてしまったら、俺はなんのために一生懸命、下味を付けたり、仕込みをやったりしているんだろう、と虚しさすら覚えてしまった。

ある専門家は実験もした、という。美味しいと噂のラーメンを目隠しして食べてもらったら、今まで絶賛していた人たちが「味がわからない」と困惑したそうだ。

やっぱり味覚は1割しかなくて、周りから得た情報が大多数を占め、そこに視覚が加わって「美味しい」という感覚ができあがっていることがわかる実験結果だ。今は、インターネットの普及で、味の感じ方まで変わってしまったのだ。

今、大流行しているタピオカなんて、その代表格だろう。タピオカ自体、そもそも味なんてそんなにない食品だし、過去に何度かブームみたいなものが起きてはすぐに沈静化していたのに、ここにきて、中期的なブームが続いているのは「インスタ映え」要素に若いお客さんが飛びついたからだ。

さっきの行列の話と同様に、インスタを見て「これ、食べたい」と思った若い女の子がお店に出かけて、長い行列に並んだ末に、自分も写真を撮ってインスタにあげる。その写真を見た、別の女の子が「私も食べたい」とお店に向かい……という無限ループが、ここ1年ほど続いている。

店舗側もこのラベリング効果に気がついて、もう味は二の次。どうやって盛りつければ、どういう容器で提供すれば、よりインスタ映えするのかを徹底的に研究し、結果、そういう努力をした店が激戦区で勝ち残っているという。

ただ、「タピオカ専門店の厨房におじさんがいる」と拡散されてしまった騒動があった。逆のケースも起こりうるから注意が必要だ。

さて、タピオカの場合、インスタに特化されているので、ラベリング効果とはまた別の「インスタバブル」という現象として捉えられているようだけど、根本的な考え方は同じだろう。本当に飲食店が「味は二の次」と考え、いかにしてラベリング効果を得られるか、を優先して考える時代がやってきている。

これ、俺の店では絶対にできない。有名人の店でこういうことをやると、即座に「自作自演だ！」とネットで叩かれて、炎上してしまうからだ。

ウチの場合は本当に美味しいもの、インパクトがありボリュームがあるメニューを提供して、それを素直に「旨い！」「でかい！」とお客さんが拡散してくれることを願っているだけ。自分から仕掛けることはなかなかできない。むしろ、これから起業する人が、オープン前からラベリング戦略を練って仕掛けたら、ちょっと面白いことになるかもしれない。ここはぜひ気にかけておいてほしい。

ただね、『裸の王様』じゃないけれど、これもいつか「えっ、そんなに旨くないよね」と誰かが言い出したら、一気にバブルが弾けそうな気もするんだよね……。

お店としては迷惑千万！
〝自称・グルメ〟の人たちがネットで広める評判に振り回されるな

ラベリング効果について勉強していく中で、なるほどなと思う反面「なんか矛盾していないか？」と感じてしまったことがある。それは、影響力の大きな「食べログ」の存在だ。ここに投稿している「自称・グルメ」の人たちの書き込みが、ラベリング効果を発揮してしまっていることを俺は危惧《きぐ》している。

本来、味の感じ方……味覚なんて千差万別で、Aさんが「旨い！」と思っても、Bさんは「味が薄い」と言ったり、Cさんは「別に美味しくない」とバラバラな意見になるのが普通のことだ。１００人が１００人、口を揃えて「旨い！」というのは、かなり異常な状況で、それを現実のものにしてしまうのがラベリング効果のちょっと怖いところでもある。

いろいろな人に話を聞くが、店選びに迷った時は、食べログのランキングと平均得点で決めるという。そしてもっとも重要視するのが感想の書き込みだそうだが、「自称・グルメ」の意見を本当に鵜呑みにしていいのかな？　ちなみに、ウチの「麺ジャラスK」も頼んでいないのに勝手に食べログに掲載されているが、ある意味でネット社会の便利さが産み出す怖さもあると思う。

　以前、俺は自称・グルメの人にあるお店を強く推薦されたことがある。

「あそこの定食屋、行ったことあります？　店自体はボロボロで汚いんですけど、逆にそれがいい雰囲気なんですよ。何よりも絶品なのはアジフライ定食！　あの身のふっくらとした感じは、絶対に毎朝、店主が市場で仕入れてきて、一匹一匹、丁寧におろしている。いや、そうに違いない！　一度、食べてみたほうがいいですよ」

　そこまで言うならと、俺はその店に行ってみた。

　昔から外食に出かけると、気になったことは遠慮なく店主や店員に質問してしまう癖があるので、さっそく定食を持ってきてくれた店のオヤジさんに「このアジって、毎日、わざわざお店でおろしているんですか？」と聞いてみた。すると、オヤジさんは「へっ？」と困惑した表情を浮かべて、こう答えた。

「おろすも何も、ウチはもう何十年も前から、冷凍食品のアジフライを買ってきて、それをここで揚げているだけだよ。下味もなんにも付けてない。だって、そのほうが味も安定するし、何よりも安く上がるじゃない。そもそも揚げたてのアツアツを食べたら、なんだって旨く感じるんじゃないの？」

自称・グルメは勝手に妄想したことを「そうに違いない！」と信じ込み、それをあちこちで喧伝《けんでん》していただけだった。おやじさんに確認すれば、3秒でわかるのに、それすらもせずに「俺がそう感じたんだから、それが正解なんだ」という恐ろしいまでの自信。そういう人の言葉に踊らされて、ラベリング効果が形成されていくのかと思うと、ちょっと薄ら寒さすら感じてしまう。

ウチの店でも、こんなことがあった。

以前、来店していただいたことがあるというサラリーマン風のお客さんが、部下を何人か連れてやって来た。そのお客さんはラーメンを人数分頼むと、厨房にまでハッキリと届くほどの大きな声で、部下に向かってこう言った。

「俺は一度、食べたことがあるからわかる。この店のラーメンはすごくまずいんだよ！　まずくて有名な店だから、今日はネタとして、お前たちにも食べさせてやろうと思って連れて来てやったんだ！」

別にね、客商売だからいろんなことを言われることには慣れてるけど、こんな至近距離で、しかも大声で「まずい」と連呼されることはさすがにめったにないことなので、よく覚えている。プロレスの試合でもここまでひどいヤジを浴びたことはないよ。俺はラーメンを作りながら「そんなにまずいと思っているものに、よくお金を出すよなあ」と思ったけれど、それでもいつもと同じように心を込めて提供した。とはいえ、さすがにここまで言われると、ひっかかるものもあるので「お待たせしました。まずいラーメンですみませんね。どうぞ召し上がってみてください」とひとこと添えて、テーブルに出したけどね。

数秒後「どうだ、まずいだろう？」という上司に対して、ラーメンを食べた部下たちは口々に「いや、部長、すごく旨いんですけど」と言う。これには上司も「お前たちの味覚はどうかしている！」と荒れまくっていた。部下たちが忖度《そんたく》して「まずいです」と言わなくてよかったよ。でも、これはリアルの世界の話だから、こういう展開になったけど、ネットの世界だと一方的に発信され意見を鵜呑みにするケースが多いので、飲食店にとっては厄介です。

強いメンタルのススメ

「こんなのカップヌードルのレベルだ」はラーメン屋にとって最高の褒め言葉と思え

お客さんはお金を払っているので、正直に感想を言う権利がある。

まずいなら、どこがどうまずいのかを言ってもらえれば、こちらとしても今後の参考になるんだけど、そういった理由は書かずに、ひたすら「まずい」と貶《おとし》めるような書き込みがネットにはゴロゴロ転がっている。

いわゆる「ラーメン通」と呼ばれる人たちは、ラベリング効果ではないけれど、いろいろと経験と知識がある分、もう来店する前から、ある程度、評価を定めているケースが多い。

「あの有名人が足しげく通う隠れた名店」

「ここの店主はあの店で修業していたから、味に間違いはないはずだ」

といった感じで、もう入店する前から、高評価が固まっているので、そりゃ、旨く感じるよね。いざ美味しくないと感じてしまっても、自分が拡散した知識を否定することになるので、決してボロクソには叩かない。

逆にウチのように、そこそこ知名度のある人間が店を出した時には、もう最初から粗探しをするノリで店にやって来るから困ってしまう。

読売ジャイアンツでコーチを務めた元木大介さんもかつてラーメン屋を開業し、あっという間に3店舗にまで拡大するほど上手く商売を回していたけど、やっぱり嫌がらせやバッシングには悩まされた、とテレビで話しているのを見たことがある。

結局、すべての店舗を畳むことになってしまったそうだが、自分の名前でお客さんを呼べる反面、そのこと自体が反感を買ってしまう要因にもなるので難しいところだ。元木さんの場合、店舗を拡大した結果、すべての店舗の味の状態を把握できなくなってしまったことが店を畳む直接の要因だとも話していたけれど、このご時世でそこまで店を大きくできるのはすごいことだし、夢のある話だなとも思ったよ。

そういえば、ウチがカレー白湯を出し始めた頃、よくネットで「あんなものはカップヌードルのカレー味レベルだ」と書かれていた。

きっと、その人はウチの味を貶《おとし》めようとして書いたんだろうけど、それって、実は最高の褒め言葉なんだよね、俺にとっては。

毎日毎日、なかなかスープの味が安定しないことに悩んで、時にはスープの味に納得がいかなくてランチ営業をやめるような日もあった。たまに「今日はスープの出来が悪いのでお休みします」という木札を他のラーメン屋で見かけることがあるけど、その気持ちに偽りはないと思うよ。

そんな苦労の末にできたスープを飲んで、「カップヌードルのカレー味レベル」とわざわざ書き込んでくれた。日々、悪戦苦闘して作っているスープを、万人に愛され、超ロングセラーとして世界中で食されているカップヌードルのスープに並ぶレベルだと評価してくれている。ああ、ありがたいことだ。

……これはもちろん、自分なりのメンタル術。「ありがとうございます。ウチのラーメンはまだまだそのレベルには達していないし、これからも精進していきます」とポジティブに考えないと、ラーメン屋なんてやっていけないよ。ネットの書き込みで落ち込んでいたらきりがないからね。

俺があんまりそういう意見に影響されないのは、ネットがない時代を長く生きてきたからじゃないかな。

1990年代には、いろんな意見や苦情は手紙で送られてきた。

一度、馬場さんに呼びだされて「お前、これはなんとかしなくちゃイカンよなぁ～」と一通の手紙を渡されたことがある。その手紙には「川田選手と記念写真を撮ってもらいましたが、現像してびっくりしました。まったく笑っていないんです。これはファンに対して、あまりにも失礼じゃないですか？」と書かれていた。

馬場さんはこれを読んで、改善しろと俺に言った。さすがに馬場さんに口ごたえはできなかったけれど、俺はその社長命令を受け入れることができなかった。

これまで何年もかけて「無愛想で不器用で武骨」というキャラを創り上げてきたのに、記念写真でニコニコしてしまったら、そのイメージはすべて壊れてしまうし、それによって俺の個性がなくなってしまったら死活問題だ。

日本全国に何十万人もファンがいる中で、一通の手紙だけをピックアップして、それに流されるのはどうかな？　食べログもたったひとりが複数人を装って書いているのかもしれない。だから、俺は参考にはするけれど、そのすべてを鵜呑みにはしたくないし、何よりも個性だけは捨てたくない。

あなたに運はありますか?
ラーメン屋で行列店になるのは1000店の新規店のうち1店舗!?

前の章でテレビのラーメン特集について、ちょっと触れたけど、ああやってテレビで取り扱ってもらえるお店はわずかだし、複数回となると本当にごく一部の店だけだ。

ウチも乃木坂46が出演する番組で紹介してもらったけれど、話題になっているからテレビに出られるのか、テレビに出たから話題になるのか……いずれにしても一回出たぐらいでは、客足がものすごく伸びるわけでもない。実際、放送後もそれほど客足が伸びたわけではない。

それでもテレビの影響力はすごい。ああやってテレビで流れると、なんとなく流行っているような感じに映るし、それでラーメン屋を目指す人が増えてしまうんだけど、俺の感覚でいえば、新規の店が1000軒あったら、そこから絶えず行列のできる大人気店になれるのは、まぁ、多くても1店舗かな、というレベル。

それが現実だよ。

でも、テレビでは「こうやって成功するのは1000軒に1軒ぐらいです」とは言わないでしょ？　ものすごいレアケースで人気店になったお店も、放送上は「なるべくして人気店になった」みたいな扱いになる。

いっそのこと、画面の隅っこに「これは特別なケースであり、誰が開業しても成功するわけではありません」とテロップを出してもらいたいぐらいだ。

テレビで紹介された1000軒に1店舗のヒット店を見て、過剰に夢を抱いて、ラーメン業界に飛び込んできたら、あまりの厳しさに1年で撤退することになる。そういうケースがあまりに多すぎて、なんだか気の毒になってきてしまう。

でもね、1000軒に1店舗でもミラクルが起きてしまう以上、俺も「絶対に成功しない」とまでは、なかなか断言できない。

時にはラッキーが重なって人気店になってしまうケースも稀にある。まったく経験のない人がひょんなことで大儲けしてしまう「ラーメンドリーム」みたいなものはたしかに存在する。こればっかりは誰にも予測ができない。

ラッキーで思い出したけど、昔から新木場に小さなラーメン屋があってね。建物は古いし、床もツルツルすべるような小汚い店だけど、地元の人たちが足を運んでくれるから、経営はなんとか成り立っていた。

それがいつからか、ジワジワと外からの客足が伸びてきた。味を変えたわけでもないし、お金をかけて宣伝をしたわけでもない。もちろんテレビで紹介されたわけでもない。今までどおりの営業を続けてきただけなのに、特に週末の夜は客足がどんどん急上昇していった。

実は近辺に「新木場1ｓｔリング」というプロレス専門の会場がオープンし、そこで試合を観戦したお客さんが、プロレス帰りに足を運んでくれるようになったのだ。

新木場駅の近くにはファーストフードの店は多いものの、じっくりと腰を据えて、食事をしたり、お酒を飲んだりしながら「今日の試合はこうだった、ああだった」とプロレスファンが熱く語れるような店がほとんどなかったので、みんな、自然とこの店に足を運ぶようになったのだという。

こういう予期せぬラッキーもあるのだ。店側は今までどおりのことしかやっていないのに、周りの環境が変化したことで、人の流れが変わり、いきなり繁盛店になってしまう……といったケースがね。

これがあるから、この商売は先が読めない。極端な話だけど、ウチの店の前に新しい駅ができたら行列が絶えない店になる自信はあるよ。

ただ、「自分にはラッキーが訪れるかも」という夢みたいなことを考えていても、上手くいく確率はかなり低い。なぜなら逆のケースも起こり得るからだ。

これまたプロレスの会場の話になるが、「ディファ有明」という格闘技専用アリーナがあった。「あった」と書いたのは、この会場が２０１８年の６月に閉鎖されたからだ。その結果、プロレスファンの足は有明から遠ざかり、潰れた飲食店も出たのだ。

話はテレビの話に戻るけど、ラーメン特集を見ていて「いやぁ、これはどうなの」と思うことは他にもある。

「髪の毛がどんぶりに浸かっちゃうんじゃないの？」とドキドキしてしまうぐらい髪を伸ばしている、不潔な身なりの店主を「異端のカリスマ」みたいに持ち上げるのは、よろしくないな、ということだ。ラーメンは旨いのかもしれないけど、そういう人間に憧れて、変わった格好をした若者たちがラーメン屋を続々とオープンしたりするのは、あんまりいい傾向ではない。飲食店は「清潔が第一」だからね。

とにかく真面目に、清潔にやっていくしかないんじゃないかな。

試合のオファーはあったけど……
俺の本業はプロレスラーではなく「麺ジャラスK」の店主だ！

この店をオープンしてから、俺はリングに上がっていない。事実上の引退状態なんだけど、正式に引退を発表したわけじゃないし、リングの上で10カウントゴングを聞いたわけでもないので、肩書き的には「元プロレスラー」ではなく「プロレスラー」ということになる。

ではなぜ引退しないかというと、人の気持ちというものは変わるからだ。それはこの商売を始めて、よくわかった。絶対にブレない軸は必要だけど、あとは状況によって変えていかなくてはいけない部分もあるし、いろんな経験を重ねることで、モノの見え方や発想がガラッと変わることもあった。

だから、もうリングに上がることなんてないだろうなと思っても、その場の感情で「引退します」とは言わないほうがいいだろうな、というのが俺なりの判断だ。「引退したけど、やっぱり復帰します」というのは絶対にしたくない。

ただでさえ、「プロレスラーは引退してもすぐに復帰する」という印象が世間にはついてしまっている。だったら、1ミリぐらい復帰の可能性を残したままで、引退しないほうがいいのかな、と思っている。

さすがに最近ではほとんどなくなったけれど、少し前まではいろんな団体から「リングに上がってもらえませんか？」と声をかけていただくことも少なくなかった。

関係者がわざわざラーメンを食べに来てくれて「ありがとうございます」と声をかけたら、「いや、実は食事がメインではなくて、参戦のオファーにきたんですよ」と言われたこともあった。

メジャー団体からは、ビックリするような好条件でお話をいただいたりしたけれど、もうトレーニングもしていないし、20kg以上痩せてしまっているから、「今すぐにあの頃のような『四天王プロレス』をやってくれ、と言われても無理ですよ」と丁重にお断りをした。

百歩譲ってリングに上がれたとしても、今の俺には「エコなプロレス」しかできないし、それでファンの方をガッカリさせたくはない。俺だって自分で自分の晩節を汚すようなことはしたくはない。

もちろん、ありがたい話だ。

「たくさんのファイトマネーがもらえるんだったら、今月の赤字の穴埋めができるな」と、一瞬だけ頭をよぎったりもしたしね。

でも、最終的には俺のプライドが許さなかった。

本当はちゃんと引退したほうがいいのかな、と思うこともある。

プロレスを知らない人からしたら、俺の肩書きに「プロレスラー」と入っているだけで「なんだよ、プロレスラーが小銭稼ぎをしているだけかよ」と誤解しているケースがいまだに多い。いや、違う。俺の本業はラーメン屋の店主で、今はプロレス関係の仕事はむしろアルバイトなんだ。

たまに店を貸し切りにして、プロレスに関するトークショーをやったりもしている。その時は普段はクローズしているスペースも開放して、お店をフルサイズにして、たくさんのお客さんに楽しんでもらっている。

そもそも、すべての席が埋まってしまったら、俺の調理が間に合わない、という理由で店の一部を閉めているんだけど、こういうイベントの時は事前に俺が料理や鍋ものを作っておいて、食べ放題飲み放題のシステムにしている。オーダーを受けて料理を作るわけじゃないから、このスタイルで成立するし、そもそも俺は厨房ではなく、トークショーの席に座っているから、イベント中に料理をしなくても済むのだ。

それとは別に「HOLY WAR」（ホーリー・ウォー）というプロレス興行のプロデュースも、不定期ながらやるようになった。

もちろん、俺は試合をしないし、その興行の中でトークショーをやるぐらいなんだけど、俺の名前でまだプロレスファンが集まってくれるのはありがたいことだ。

他にもプロレス中継で解説席に座ったりもするけど、今の俺にとって、そういったプロレス関連の仕事はあくまでもアルバイトなんだよね。

そういう場に出ていくことで「おっ、まだ川田って元気なんだ」「へえ、ラーメン屋をやっているんだ。今度行ってみるか」と思ってもらえれば、結果的にこの店の宣伝にもなるし、いただけるギャランティーも店の運転資金に補塡できる。

それこそ小遣い稼ぎではなく、すべては店のためにやっているんだ。そう、俺の本業は「麺ジャラスＫ」の店主なんだ。

こんな感じで、店を始めてから10年目を迎えて、ようやくプロレス関連の仕事にもタッチできる余裕が出てきたのかもしれないし、「プロレスラー・川田利明」

の店を求めてやって来てくれるお客さんがたくさんいることに対する感謝の印として、イベントや興行をやったりしている。

ちなみにファンの方から、こんなことを聞かれた。

「川田さんは弟子を取らないんですか？」

そんな大層なこと、今まで考えたこともなかった。

「後輩のプロレスラーが弟子入りを志願して来ないんですか？」

おかげさまで、今のところ、そんなバカは俺のところに来ていない。ひょっとしたら、そういう相談をしたくて店に来た後輩もいたかもしれないけど、すっかり痩せてしまった俺の姿や、延々と厨房で働き続ける光景を見てしまったら「俺もやりたいです」なんて気持ちは萎《な》えてしまうだろう。

万が一、弟子入り志願する人間がいても、俺は門前払いする。

そんな余裕もないし、俺自身、まだまだラーメン屋としても、経営者としても発展途上すぎて、なんにも教えることなんてないし、ましてやのれん分けするほど、「本店」が儲かっていないからね。

だから「麺ジャラスK」は俺一代限りの看板になる。

いつまでも続けていきたいけれど、体もガタガタだし、歳も取ってきたから、いつまで続けられるかはわからない。

ラーメン屋は肉体労働。今のように何から何まで自分でやる、というスタイルを守っていったら、本当にいつまで体が持つのか見当もつかない。

ここでも思い出すのはやはり馬場さんが率いる全日本プロレスの時代だ。初めて三沢さんから投げっぱなしジャーマンを喰らった時、「こんな試合をしていたら、いつまで体が持つかわからない」と思った。それでも俺たちは毎日、命がけで試合をしていた。まさに、〝ジャイアント馬場率いる全日本プロレス〟という一代限りの看板だったのだろう。今はもう味わうことはできない。

もし、この本を読んで「麺ジャラスK」の味に興味を持たれた方がいたら、ぜひ、一度、店に足を運んでみてほしい。大げさではなく、いつまで〝俺だけのラーメン〟を提供できるかわからないからだ。

体はガタガタだけど、俺は明日もラーメンを作っているだろう。

第5章

それでもラーメン屋になりたい人に教える「俺だけの王道」辛口10箇条!

俺だけの教訓 10箇条

①初期投資は「回収できない」ものとして腹を括れ！

失敗したエピソードだらけのこの本をここまで読んでみても、まだ「俺はラーメン屋になりたい！」と思っている人は、誰がなんと言ってもきっと耳を傾けないんだろうな、と思う。良くも悪くも意思が固い人かな。

ひょっとしたら、「俺が失敗したケースの逆を狙っていけば成功する」と思いながら読んだ人もいるだろうね。「俺の失敗を反面教師にしてほしい」というのが、この本の大きな目的のひとつだから、参考になったのなら書いた甲斐があるよ。

でも、商売ってものはそれだけで成功するほど簡単なものじゃない。俺だって、こうやって一冊の本にまとめられるほど、冷静に自分の失敗を分析できているのに、それでもまだ大繁盛店には程遠い、というのが現状だ。10年間近く、試行錯誤を繰り返した結果がコレなんだから、本当にラーメン屋は難しい。

とある著名な飲食店の立て直しプロデューサーですら、「ラーメン屋は成功するには難しい業種であり、心身の負担も大きい。脱サラには強くお勧めできません」と論評している。だから、「こうすれば成功する！」なんて耳障りのいい言葉は俺からは絶対におくれないけれど、この先、こんなに大変なことがあるから、心してかかれ、というアドバイスだったらいくらでもできる。

第5章は「俺だけの教訓10箇条」として、具体的な提言をしていきたい。この章を読んだ上で、「それでも俺はラーメン屋になるんだ！」という決意が揺るがないようだったら俺は反対しないよ。

ここまで何度も書いてきたけれども、ラーメン屋を始めるには、いわゆる初期投資がこれでもか、これでもか！　というぐらいにかかる。大げさではなく、いくら金があっても足りないぐらいだ。手元に金があったらあったで「もっとこの設備を充実させたい」とか「店構えを立派にしたい」と考えてしまうだろうから、天井知らずに投資金額は膨らんでいってしまうことになる。

俺は幸いというか、そこまで開店資金が潤沢ではなかったので、初期投資で受けた痛手は最低限で済んだけれども、オープン前にギブアップを考えたくなるほど、次々とお金が飛んでいくことだけは覚悟しなくてはいけない。

起業を考えている方は「何を言っているんだ？　のちのち回収すればいいじゃないか。そのための初期投資だろ？」と思うかもしれないし、アントニオ猪木さんばりに、「やる前から負けることを考えるヤツがいるかよ！」と怒る方もいるかもしれない。でも、最初に1000万円以上の金を突っ込んで、それを一杯数百円のラーメンで回収するのは、そんなに簡単な話ではない。それこそ行列が絶えない人気店にでもならない限り、まず不可能だろう。

だから、退職金を元手にラーメン屋をオープンさせようと考えている方は、とりあえず、その退職金は「消えてなくなるもの」だと腹を括ってほしい。もし、それが嫌だったら、起業することを即刻、考え直すべきだ。何年も何十年も働いて手にした退職金を、こんなにもハイリスク・ローリターンの事業に投入するのは、とてもバカげたことだ。すっからかんになったら、セカンドライフを仕切り直しするのも大変だし、ただただ無駄に人生を遠回りするだけになってしまう。

この本の中でも書いたように、長年にわたり行列のできる人気店になれる可能性は、それこそ宝くじで一等を当てるぐらいの確率しかない。みんな、その特異な成功例だけを見て、ラーメン屋に過剰な夢を抱いてしまうようだけど、あれは本当に「特例」だからね。だったら、会社勤めを続けて、宝くじを買って夢を追い求めたほうが、よっぽど幸せだと俺は思う。

それぐらい、ラーメン屋で成功すること、大儲けすることは難しい。よっぽどの幸運でもない限り、初期投資は消えてなくなって、セカンドライフもおしまいだ。

たとえば、都内でそれなりの立地で始めるとしよう。広さは10坪ぐらいが最低限の広さだろうけど、保証代や敷金・礼金を含めると、それだけで平均的に１０００万円程度は必要になるという試算もある。

ではラーメンを一杯８００円で売ったとして……物件確保にかかった費用を取り返すのにどれだけの時間がかかることか。１年以内に閉店してしまうお店が多いというのは、そういうこと。オープン時に背負った負債が重荷になって潰れてしまうのだ。

お店を畳まず、なんとか継続することができても、そこから地獄のような自転車操業の日々が待っている。まさに俺は今なお、その真っ只中にいるわけで、だからこそ大きな声で「ラーメン屋だけはやるな！」と言える。俺がラーメン屋を始める前にこの本を読んでいたら、絶対にラーメン屋だけはやらなかったよ！

②新規オープン時でも不格好な接客はしてはいけない！

ラーメン屋をオープンさせるためには、とにかくお金がかかる。それだけではなく、開店の日までにやることはたくさんあるし、ある意味、オープンした時点で、ちょっとした達成感すら覚えてしまうかもしれない。でも、それではダメだ。甘いんだ。「オープンしたばかりだから」と甘えてはいけない。とかくいう「麺ジャラスＫ」も、開店当初は、すべてが初めてのことばかりで自分もスタッフも完全に浮き足だっていた。

俺も高校生の時から料理を作って、誰かに食べてもらう、ということを繰り返してきたし、だからこそ飲食店を開くという決断をしたわけだけど、よくよく考えたら、高校を卒業してからはプロレスラーとしてしか仕事をしてきていない。接客業なんて、生まれて初めてやるわけだから、毎日、目の前で起こることはすべて「初体験」ということになる。当然、何をどうすればいいのか、対処法だってわからない。

たぶん、脱サラしてラーメン屋を始める人は、初日からその壁にぶち当たってしまうだろう。今まで客側として足を運んできたラーメン屋とは、見えてくる景色がまったく違うのだから、戸惑わないわけがない。

慌てたところでどうなるものでもないから「とにかく慣れるまでは、ゆっくりと確実にやろう」という方針で動いていたのだが、その「甘え」が悲劇を呼んでしまった。

「オペレーションがなっていない!」

「食事の提供が遅い!」

「もう二度と行かない!」

ネット上には我々の接客の手際の悪さが、これでもか、これでもかと書かれまくっていた。たしかに甘えていた。初心者だし、オープンしたばかりなので、「多少の粗相は大目に見てくれるだろう」ぐらいの感覚でいたのだが、それは本当に店舗側の事情であって、お客さんにはまったく関係のないことなのだ。

初心者だろうが、不慣れだろうが、お金を払って、食事をするお客さんが逆に気を遣うことなんて絶対にあってはならないんだ。

こういう初手の失敗は、挽回するのが本当に難しい。

その後、サービスが改善されても「二度と行かない！」と思われてしまったら、そのお客さんは改善されていることを知らないままだ。しかも、オープン直後に書かれた文章だけはずっとネット上に残っていくから、非常に厄介なのだ。「一期《いちご》一会《いちえ》」という言葉があるけれど、まさにそのとおりだと思う。

いい意味でも、悪い意味でも、そのラーメン屋に入って、一歩目に感じた印象は大きいと思うし、あまりいい印象を抱けなかったとしても、ものすごく旨いラーメンが出てくれれば、その印象はいいほうにひっくり返る。

逆にどんなに旨いラーメンを出しても、あまりにも手際が悪かったり、ものすごく長い時間、待たされたりしてしまったら、「味はいいんだけど、こんなに待つなら二度目はないかな」ということになってしまう。

第4章で具体的なデータを紹介したけれど、今、日本全国にラーメン屋は3万軒以上ある。東京にはその10分の1にあたる3000軒以上が密集している。ちなみに、2位は約2000軒で味噌ラーメンのメッカ・北海道、3位は約1500軒でとんこつラーメンのメッカ・福岡で、こちらも大激戦区だ。もちろん個人店だけではなく、「天下一品」「喜多方ラーメン坂内・小法師」「博多一風堂」というチェーン店もある。またラーメン専門店以外に、「餃子の王将」「リンガーハット」などもある。それだけ競合店が多いということは、一度「この店はダメ」というレッテルを貼られてしまったら、次に来店するタイミングはほぼやって来ないだろう。

こちらからしたら、ドタバタしているオープン初日に起きた些細《ささい》なミスでしかなくても、お客さんにとっては、「もう絶対に来ない！」と映っているかもしれない。甘えは大きな失策につながるということは肝に銘じるべきだ。もちろん、これはオープン時だけでなく、常に意識しなくてはいけないことだけど、いろいろあって手一杯なオープン時には、どうしても頭から抜け落ちがちなので注意が必要だ。

もう10年も経ったのに、いまだにウチの店を「オペレーションが悪くて、食事の提供が遅い」というイメージで見ている方が一定数いるわけで、10年前の甘えがここまで尾を引くとは思ってもいなかった。「最初が肝心」とはよくいわれるが、オープン時には完璧な接客ができるように、しっかりと準備しておいてほしい。

ちなみに俺にはもうひとつ大きな誤算があったのだが、それは「おわりに」のエピソードとして綴ろうと思う。

俺だけの教訓10箇条

③料理自慢の素人が他人の言葉でその気になってはいけない！

ラーメン屋を開業しようと考えている人は、少なからず料理に自信があるんだと思う。友達に食べてもらったら大絶賛されて、「もうプロになっちゃったほうがいいよ！」と言われて、その気になってしまったような人もいるだろう。ハッキリ言って、そういうパターンの人こそ、本当はラーメン屋になってはいけない、と俺は思っている。

これは飲食店に限った話ではなく、友人や知り合いが「プロを目指したほうがいい」なんて言うのを、そもそも真に受けてはいけない。こんなに無責任な発言はないし、言ったほうは何日かしたら、そんなことはすっかり忘れているから、店をオープンしたところで、客として来てくれるかすら怪しいと思う。

じゃあ、本当のプロから「君は店を出したほうがいい」と言われたら信じてもいいのか、という話になるけれど、本当にすごい腕前だと感じていたら、わざわざ「商売敵」をつくるようなことはしないだろうから、そんなことはお世辞でも絶対に言わない。俺の下で働かないか、とスカウトされたら話は別だが、とにかく周りの声に影響されて、「ラーメン屋になろう」と考えている人は、ちょっと考え直したほうがいい。

素人の料理自慢と、プロの料理人は似ているようで、まったく違う。

あなたが作った料理を、友達が喜んで食べてくれた?

それは当たり前のことだ。「無料」で食べさせてもらえるのだから、誰だって喜んで美味しそうに食べてくれるよ。

人間関係だってあるから、さすがに面と向かって「あんまり美味しくないね」とも言えないし、残したら失礼だから、みんな綺麗に完食してくれる。

作った側からしたら、もうそれだけで嬉しくなってしまうけど、あくまでも友人の「気遣い」や「忖度」でしかない。

「美味しいね」よりも上の褒め言葉を探したら、「もうプロ顔負けだね」になるし、最上級の誉め言葉は「もうプロになっちゃえば」になる。これって本当に無責任だし、本当に罪なひとことだが最後は自分で判断することだ。

たとえば草野球のチームの仲間に「お前、こんなに上手いんだからプロになれるよ！」と言われても、ドラフト会議で指名されないことにはプロ野球選手にはなれない。

でも、ラーメン屋は自分で「やろう！」となったら、開店資金さえあれば、すぐになれてしまう。味付けだってオリジナルでいいわけだから、どんどん参入してきては、あっという間に撤退する……という悲劇が繰り返されてしまうのだ。

友達に大絶賛されて、その気になっている人は、いっぺん「一人1000円ずつ徴収します」と言って、もう一度、食べてもらったほうがいい。きっと、多くの友達が「ちょっとその日は都合が悪い」と遠回しに断ってくるだろうし、来てくれた友達の感想もちょっと辛口のものになってくるんじゃないかな。そういう「本当の感想」を聞いてから、自分の進む道を決めたって遅くはないと思う。

ここであるアンケートの結果をお伝えしておこう。未経験でラーメン屋を始めた人にその理由を聞いたところ、「単品メニューだから」が1位だった。つまり

「ラーメン作りに自信があるのでできそう」と考えていることも否定できないだろう。ちなみに、そのあとは、「価格の相場がわかりやすい」「接客が楽そう」「小さなお店でも出店できる」と続いている。

もうひとつ、素人の料理自慢が作ったものが大絶賛される理由がある。

それは儲けなどを考えていないから、際限なく、食材にお金をかけられるからだ。ここぞとばかりに張り切って、デパートの地下で高い肉を買ってきているだろうから、予算の上限もなく、高級食材をバンバン使って作れば、誰が作っても美味しい料理になる。そんな食材を使ってお店で出そうとしたら、2000円とか3000円の値段をつけないとペイできない。そんな料理を出せば、みんな「美味しい!」と言うだろうし、そうならないほうが逆におかしい。それを700～800円でお客さんに提供するために限られた予算で収めようとしたら、もう、そんな味は出せなくなる。

日曜日に友達を集めて料理を振る舞うために、土曜日をまるまる一日使って、がっつり下ごしらえして、準備万端にするんだろうけど、毎日、営業するとなれば、そんな贅沢な時間の使い方も、当たり前のことだけどできない。

予算にも時間にも制限がある中で、美味しいものを作るのがプロの仕事だ。

それは本当にしんどいことだし、そんな思いをするぐらいだったら「プロになったほうがいいよ！」とちやほやされながら、「料理自慢の素人」として、趣味で厨房に立っているほうが確実に幸せだと思うよ。

俺だけの教訓 10箇条

④ラーメン経営に不可欠な3つの「〇〇力」を知らずに足を踏み込むな

第4章でも書いたように、もはや「味覚は1割」とまでいわれるように、外食産業ではラベリング効果が大きな影響を与えるようになっている。

極論を言えば、これからラーメン店を出したいんだったら、料理の腕なんて磨かなくていいから、徹底的にラベリング効果を研究したほうがいい。世の中の誰よりもラベリング効果を追究しつくしたら、これまで誰も見い出せなかった飲食店の「絶対に成功する方程式」を発見できるかもしれないし、料理の腕を磨くよりも、上手くいく確率は高くなるんじゃないかな。

そもそも飲食店を経営するにあたって「料理の腕前」というのは、優先順位でいったら、決して最上位ではない。俺が思うに4番目とか5番目ぐらいじゃないかな。

それよりも大事な「○○力」がたくさんあるんだ。

ひとつ目は「体力」。

これは絶対に必要だ。

ラーメン屋は基本、立ち仕事になる。俺みたいに朝の仕込みから、閉店後の片付けまでひとりでやろうとしたら、最低でも一日12時間は立ちっぱなしだし、睡眠時間だって多くても4～5時間しか取れない。

俺はたまたま長時間寝なくても大丈夫な体質だったから、なんとかなっているけれども（もっとも見えないところにダメージは蓄積しているんだろうけどね）、これを毎日、こなすには、とにかく体力が重要になってくる。

湯気が立ち上る場所で12時間も立ちっぱなしでいる仕事というのは、他にはなかなかないんじゃないかな？　どの仕事でも大変なことはたくさんあるけど、エアコンの効いたオフィスで一日中、座って仕事をしてきたサラリーマンの人が、いきなりこの環境に放り込まれたら、たぶんすぐに肉体が悲鳴をあげると思う。それぐらい立ち仕事はつらいんだ。

どんなに料理の腕に自信があっても、厨房に立っていられなかったら店は開けられない。だから、まず体力が絶対的に必要なのだ。

次に大切なのは「精神力」。

詳しくは次の第5箇条で書くけれど、お客さんからショッキングなことを言われたり、とんでもないことを要求されたり……というのは日常茶飯事だから、いちいち悩んでいたり、凹《へこ》んだりしていたら、ラーメン屋なんてやっていけない。

そういう俺も決してメンタルが強いわけじゃなくて、むしろ、なんでもネガティブに考えてしまいがちなところがある。

でもね、悪いほうへ考えたって、なんのプラスにもならないんだよ。

そんなことを考える暇があったら、新しいメニューを積極的に考えたほうがいいし、今日のスープの状態を確認したり、明日の仕入れを想像したり、と違うことに頭と体を使ったほうがいい。まあ、そう考えられるようになったのも、俺がラーメン屋を続けてきて、精神力を鍛えられてきたからなのかな、とも思う。

そして最後が「資本力」だ。

本当はこれがいちばん大事だよね。金さえあれば、どうにでもなることって、商売をやっていると、すごく感じるから。

もっといえば、自宅をちょっと改築して店を出せるとか、自分で物件を所持していて、そこに店を出せる、となったら、本当に強い。家賃も保証料も更新料もかからない。そういう好条件が揃っている人であれば、俺も「ラーメン屋にだけはなるな!」とは言わないね。

せっかくだから、物件について少し話しておこう。やりようによっては、初期投資を抑えることは不可能ではないんだ。

仮に店舗物件を「居抜き」で取得できたとする。実際に開業資金を300万円程度でまかなえたケースを俺も知っている。ただし郊外の物件の話だけどね。俺はダメだったけど、前の店の機材を使えたら、さらなる資金圧縮も夢じゃない。

あとは「居抜き」ではなく、「スケルトン」で借りた場合は、内装工事費を含めて350万から400万程度で抑えることができるようだ。ここに調理器具などを足しても700万から800万円でできるので、1000万円との差は大きいよね。

もっとも「体力」や「精神力」は今からでも鍛えることができるけれども、「資本力」ばかりはどうすることもできない。でも、店舗探しなどのやりくりで、リカバーできるかもしれない。この3つをすべて揃えるのは困難だけど、ラーメン屋をやっていきたいなら、これらの高いハードルを越えていかなければならない。

俺だけの教訓10箇条

⑤今までの「常識」に縛られてはいけない すべてゴミ箱に投げ捨てろ！

「お客様は神様です」という名言がある。

もともとは国民的歌手の三波春夫さんの残した名言なんだけど、いつのまにか、どんどん違った意味で言葉だけがひとり歩きしてしまった。

三波春夫さんがステージから客席に向かって言ったのは、「こうやってお客様が客席を埋めてくれなかったら、私たちはステージに立てません」という感謝の意味を込めた言葉だったと思う。ジャンルは違うけれど、俺もプロレスラーとして、お客さんの前で闘ってきたから、その想いはよくわかる。

そんなエンターテインメントにおける演者と観客の関係性を指す言葉が、いつのまにか「お客様は神様のような存在だから、誰よりも偉い」と拡大解釈されるようになり、飲食業界でも当たり前のように使われるようになってしまった。

たしかにお客様は神様だ。それは間違いない。

お客さんが来てくださらなかったら、店は存続できないし、本当に大事でありがたい存在で、これはもう当たり前すぎる話だ。

それを我々、店側の人間が言うんだったらわかる。でも、「俺は客だぞ、神様だぞ。俺の言うことを聞け!」とお客さんから言われてしまうと、それはどうなんだろうか、となってしまう。でも行きすぎた「おもてなし」精神が浸透した今、そういう人が増えているので、それはもう受け止めなくてはいけない。

この本の中でも、「ランチタイムにラーメンを食べた方はカレーライス無料」というサービスを始めたら「無料のカレーだけくれ!」という人がたくさんやって来た、という話を書いたけど、こんなのはほんの一例。とにかく、サラリーマン生活とは違って、常識的な受け応えだけしていればいい、というわけではなくなる。

自分が客としてラーメン屋に通っていた時のことを思い返してみてもそうだが、無意識のうちに「客のほうが偉い」という言動を取っているケースを見かけないかな。

たとえばあるお客さんがビールを飲んでいる時、つい手をすべらせて、コップをひっくり返してしまったとする。

店側には過失はないとしても、基本的に店員は「気にしないでいいですよ」どころか、「大丈夫ですか?」と心配するように声をかけ、代わりのビールまで提供する。テーブルからコップが落ちて割れてしまっても、まったくの不問だ。

実は割り箸は高いというエピソードも前に書いたけど、こぼしたビールで割り箸がびしょびしょになってしまったら、もう使いものにならないから、泣く泣く廃棄処分にするしかない。細かい話だけど、爪楊枝《つまようじ》だって同じだよね。こういう状態になったら、すべて店側が負担するのが、暗黙の了解になっている。

俺が客として飲食店に通っていた時にこういう状況に陥ってしまったら、「すみませんね」とは口にしていたけれども、あとは店員に言われるままにしていた。よくよく考えたら、あきらかにこっちが悪いんだけど、なんとなく「客のミスは悪くない」という空気がどこの店でもできあがってしまっているんだよね。

いざ、経営する側に回ったら、そういうロスが何気に痛手になる。

さっき補充したばかりの割り箸が一瞬にしてダメになってしまったりすると、その場ではさすがに顔には出さないけど、内心「ああ〜っ」となるもんね。お客さんにコップを割られても、ウチでももちろん請求できないから。

とにかく飲食業や接客業をやっていると、一事が万事、こんな感じになることが多いんだ。挙げればキリがないけど、他にもいくらでもある。

たとえばトイレ。営業中も定期的に掃除をするんだけど、ほとんどのお客さんはきれいに使ってくれる。でもマナーが悪い人が少しだけいて、ちょっと尿が便座にかかっているなんてかわいいもの。汚い話で恐縮だけど、トイレ中に吐き散らかしたり、大便を床に撒き散らす人もいる。掃除にかかる手間も時間も大変だ。

一般的なビジネスの場合、こちらが常識的な提案をすれば、相手側も常識的な返答をしてくるから、スムーズに話が進む。

でも、接客業の場合「お客様は神様だ」という意識でいる人が多いので、こちらが想定していないような要求をされたり、世間一般で言われるような常識では測りきれないような、ものすごく理不尽なことを言われたりもする。

そこはもう「精神力」でぐっとこらえるしかない。そんな時はちょっと冷静になって、自分が客の立場だった時に、無意識のうちに理不尽なことをしていなかったかどうか考えてみることだ。「常識どおりに事が進まない」とイライラしていたら、この商売は絶対に続けてなんていけないからね。

俺だけの教訓10箇条

⑥「間借りカレー」は成立するが「間借りラーメン」はできない！

起業するリスクの高さは、この本の中で散々、書いてきた。

最近では、物件探しや券売機の導入以外にも、費用のリスクを軽減するための新しい業態として「間借り○○」というものが流行し始めている。すぐに思いつく代表的な商売は「間借りカレー」だろう。

たとえば夜しか営業していないお店からランチの時間帯だけ厨房や店頭を借りて、まったくの別店舗として営業する。あるいは、週に一度の定休日に間借りさせてもらって「毎週〇曜日だけ営業」という変則的な形で店を出したりする。なるほど、このやり方だったら、開店資金や固定費はほとんどかからない。間借りしている店に使用料を支払わなくてはいけないけれど、ランチの数時間だけとか、週に一日だけという条件だから、かなり格安で借りられるはずだ。貸す側としても、もともと稼働していない日や時間帯で副収入が生まれるわけで、良好なｗｉｎ・ｗｉｎな関係性が築ける。

「スキマ産業」という表現があっているかどうかはわからないけれど、考え方ひとつでビジネスチャンスは無限に広がるものだ。

過去にさかのぼってみると、とある有名な居酒屋チェーンが、昼間だけ同じ店舗を使って牛丼屋を展開する〝二毛作〟というやり方を展開して人気を呼んでいた。今では居酒屋がランチタイムに昼定食を提供するのは当たり前になっているが、昔はそれ自体が「異例」だった。

実際に「間借りカレー」の中から、人気店もたくさん出ている。

このランチタイムだけとか週数回のペースだったら、他の仕事をしながら営業することも可能だから、経営的には安定する。趣味の延長線上としてやっている人もいるだろうし、本格的に起業する前段階としてやっている人もいるだろう。

間借り営業でいつしか人気になって知名度も高まり、そこで開店資金を少しでも稼ぐことができれば、付いてくれた常連客を引き連れて、最高の形で「本丸」をオープンすることだってできる。

プレオープンとして考えた場合、こんなに理想的な形はないし、客足が伸びなかったら、味を変えながら、様子を見ることもできる。

やはり何よりも大きいのは、もし大失敗をして、撤退を余儀なくされたとしても、開店資金がほとんどかかっていないから、経済的なダメージは最低限で済む、ということだろう。大きな投資をして、お店を出して、早々に潰してしまったら、人生を棒に振る損失を被る可能性もあるわけで、それを回避できるのはありがたい。

じゃあ「間借りラーメン」はどうだろう？　本格的なオープンに向けて、「間借りカレー」のように準備をしていけばいいじゃないか、と考えた読者の方もいるはずだ。

たしかに「間借りビジネス」の成功を鑑《かんが》みると、理論的にはそれで合っているし、少なからず、そういうやり方をしている人も存在しているように見える。でも、よっぽどのことがない限り、上手くいくとは俺には思えないんだよね。

カレーの場合、極端にいえば、鍋と炊飯器があればどうにかなる。間借りする店も、コンロさえあれば、どこだっていい。

でも、ラーメンを作るにはスープを煮込むための大きな寸胴が必要になってくるし、営業が終わったら、その寸胴をどこでどう保管するのか？　という問題も発生してくる。結局、スペース的にもラーメン屋を間借りするしかない。それ以外に麺を茹でる寸胴も必要だし、真夏の場合は野菜の鮮度の維持に頭を悩まされる。

結果、限定された中での営業となるので、ひとつのメニューで勝負するしかない。本当に一か八か、なのだ。

何よりもカレーと違うのは価格設定だ。ラーメンの場合、どういう営業形態であれ、やっぱり常識的な範囲内でしか値段を付けられない。つまり、そんなに儲からない。

それがカレーになると、豪華なトッピングを付けたり、「ここでしか食べられない」というプレミアを付けることで、それなりに高い価格設定をしてもビジネスとして成立する。間借りに限った話じゃなくて、有名チェーン店でもちょっとトッピングをするだけで軽く１０００円を超える。１５００円のラーメンは売れないけど、1500円のカレーにはお客さんもそんなに抵抗感はない。中には、牛タンが少し入っただけで、3000円を超えるランチカレーがあるぐらいだ。

同じ外食産業でも、カレーとラーメンとでは、こんなにも大きな違いがある。こういう部分を見ても、他業種と比べて、いかにラーメン屋を開業するハードルが高いのか、ということがわかると思う。

俺だけの教訓10箇条

⑦利益をひたすら追求するなら商品に「手間」をかけすぎてはいけない

この本を通じて、俺が声高《こわだか》に繰り返しアピールしたかったのは「お客さんは手間を買ってくれない」という部分だ。

手間は目には見えない。

目に見えないものにお金は出せない。

じゃあ、いっそのこと、手間をかけるのをやめて、もっと楽なラーメン作りをすればいいじゃないか、と思われる方もいるかもしれない。

でもね、それだけは絶対にできない。

手間をかけていることは気づいてもらえないけれども、手を抜いてしまったら、即座にそれはバレるからだ。お金を払って食べにきているお客さんのシビアな洞察力を甘く見てはいけない。

俺の場合、ラーメンだけでなく、サイドメニューも自分で調理しているから、仕込みの段階での手間はさらに拡大している。

たとえば、ウチの看板メニューの唐揚げ。

揚げるだけで完成、という味も付いた肉を業者から購入することもできるけど、それをお客さんに出したら、すぐに「あれっ、味が変わった?」とバレるし、一度損なってしまった信用は簡単には取り戻せない。

だからこそ、俺は毎日、仕入れた肉を切ることから始めて、しっかりと時間をかけて味付けをする。

唐揚げ専門店だったら、当たり前の工程なんだろうけど、俺は同時進行でラーメンの仕込みもし、他のサイドメニューも同じように下準備しているので、どんなに時間があっても足りないぐらいだ。

一度、手間を加えた味を提供してしまったら、もうあと戻りはできない。効率や原価を優先して、手間をかけずに質を落とすぐらいなら、メニューから削除してしまったほうがいい。それぐらいの覚悟で臨まないと、常連さんですら離れていってしまう。

唐揚げというのは、なかなか大変なメニューだ。下味を付けたら、あとは油で揚げるだけじゃないか、と簡単に考えている方も多いかもしれないが、その油もひと筋縄ではいかない。

天ぷらだったら、常に油を交換して、澄んだ状態で揚げたほうが美味しくなる。値段の高い質のいい油であれば、より繊細に、そしてカラッと揚がる。ところが唐揚げの場合、油をすべて交換してしまうと、ちょっと味に物足りなさを感じてしまうのだ。

唐揚げを揚げた時、その旨みが油にも染み込んでいく。その油で次に揚げると、いい感じで旨みが肉に戻っていってくれる。ひとことでいえば、味にコクが出るのだ。

そして油も高ければいいというわけではなく、肉質にあったものを、自分で試しながら探していく必要がある。

たしかにこんな手間はお客さんにわかってもらえるはずもない。

定期的にフライヤーの油は入れ替える。

その時にこれまで使っていた油を濾《こ》して、旨みがほどよく凝縮した部分も、新しい油に適量、注いであげる。このひと手間で美味しさはかなり変わってくる。焼肉屋やうなぎ屋で「秘伝のタレを何年も何十年も継ぎ足しています」というのと同じ理屈だ。だから唐揚げに関しては、日々、美味しくなっているんじゃないかな。

こうやって手間を惜しまず続けていれば、いつかはお客さんにもわかってもらえる時がくる。俺はそう信じたい。かけた手間の分だけ、「なんだか無性にあの唐揚げが食べたくなってきちゃったよ」と言われると、コツコツと手間をかけてきてよかったな、と思うのだ。ちなみに唐揚げも大きな利益が出るわけではない。

原価といえば、一般的な指標では、ラーメンの一杯あたりの原価率は平均して、約35%といわれている。わかりやすい例でいうと、ラーメン一杯を１０００円で出す場合は３５０円の原価がかかっていて、６５０円の利益が出るという計算だ。

ただこれはチェーン店などで徹底的にコストカットした場合の数字だと思う。

ウチみたいにいろいろと手間をかけている個人店ではそうはいかない。唐揚げだって、ご覧のとおり大変な手間と時間がかかっているからね。

俺からアドバイスをおくるなら、「手間も原価もかからないメニュー作りをどうぞ」となる。でも俺は今日も手間を惜しまず、唐揚げの肉の下ごしらえをしている。

俺だけの教訓10箇条

⑧基礎を確立するための時間や努力を惜しんではいけない

何をやるにも「基本」というのは大切だ。

俺は高校卒業後に全日本プロレスに入門したので、ジャイアント馬場さんの弟子、ということになる。特に馬場さんから手取り足取り、指導を受けたというわけでもないけれど、付け人として、四六時中、行動を共にした時期もあったので、本当にいろんなことを馬場さんからは学ばせていただいた。

道場では先輩方から厳しい稽古をつけてもらった。

プロレスの試合は華やかに見える部分も多いけれど、お客さんに喜んでもらえる技を出すためには、道場で地道なトレーニングを積む必要がある。

ひたすらスクワットをし、数え切れないほどリングで受け身を取る。それを続けて頑丈な体ができあがったところで、やっとプロレスラーとしてデビューすることが認められるが、そこからスター選手と呼ばれるようになるには、まだまだ何年も前座で鍛錬を重ねていく必要がある。

今の若い人たちは、そういう下積みや苦労を避けようとしがちだ。

ＹｏｕＴｕｂｅｒになれば、一瞬で有名人になれるし、芸能事務所に入っていなくても、お金だってどんどん入ってくるような時代だ。時代の流れに抗《あらが》うことはできないけれど、基本もできていないのに、人気が優先してしまった「はりぼて」は、落ち始めたら、あっという間にゼロになる。基本さえできていれば、そこで踏ん張って、立て直すこともできるけれど、まったく基本ができていないと、そのまま落ちていくだけ。これはプロレスの世界でも変わらない。

ラーメン屋だってもちろん同じだ。

自分の腕や味、舌に自信がある人は、そのまま自己流で店を出そうとする。あるいは「全国のラーメン屋を制覇した！」なんていうラーメン通がついには自分の店を出そうとする。けれど、それは非常に危険で無謀な行為だと思う。

俺は開店する前に知り合いの中華料理屋に通って、料理の基礎の部分を教えてもらったとこの本で書いた。これは弟子入りしたようなものだ。

でも、その時に学んだ料理は、店では一切出していない。

もっと言えば、スープの味すら引き継いではいない。

じゃあ、弟子入りした意味がないじゃないか、と言われるかもしれないけれど、基礎をしっかりと学んだからこそ、自分の経験値が高くなってきた時にこそ、いろんな応用が利くようになる。

再びプロレスの例を出してみよう。

俺は馬場さんの弟子だけど、ファイトスタイルはまったく違う。

三沢さんともファイトスタイルはまったく違う。

でも、受け身だったり、試合運びだったりという基礎については、「馬場イズム」はたしかに選手たちに継承されている。その基礎に応用した技を付け足していったので、土台の部分が見えなくなっているだけの話だ。

料理もそれと同じことがいえるだろう。

醤油味、塩味、とんこつ味……見た目や味付けはまったく違うものになってい るかもしれないけれど、土台の部分は変わらない。基礎があるから安心して、新しいメニューを開発することができるし、悩んだり、よくわからなくなってしまった時には、もう一度、基礎の部分に戻ればいいんだ。

自己流でスタートした人は、壁にぶつかった時に、立ち戻れる場所がない。だから自分なりに自信があった味がお客さんに飽きられてしまった時、どうすることもできずに迷走を続けてしてしまう羽目に陥るのだ。

遠回りするように感じる人もいるかもしれない。

自分の才能に他の色を付けたくない、という人もいるかもしれない。

でも、長い人生の中で半年間や1年間なんて、ほんの一瞬の時間でしかない。その時間を遠回りに感じるほど、生き急ぐ理由が俺にはわからない。

面倒くさいとは思うかもしれないけど、短い期間でいいから、誰かの「弟子」になることで、その後の人生は大きく変わるはずだ。「従業員募集。独立も支援します」なんて張り紙を出してくれているラーメン屋もあるじゃないか。

俺はプロレスラーとして、たいした貯蓄は残せなかったけれども、基礎体力という見えない貯蓄はかなり蓄えていたようで、ハードな立ち仕事にも耐えることができた。下積みの苦労は歳を取ってから、肉体的な部分でも活きてくる。無駄な下積みなどひとつもないのだ。

俺だけの教訓10箇条

⑨撤退を恥と思うな！ 俺にみたいに「意地」だけは張るな！

ここまで読んでもらえばわかるように、俺はラーメン屋として、決して成功した人間ではない。順風満帆だったことなんて、一瞬たりともなかったし、それは今でもずっと続いている。

いろんな人から「ここをこうしたほうがいい」とか「川田さんはなんにもわかっていないよ」と忠告されたこともあったけど、アドバイスされることのほとんどはとっくにわかっていることだし、そのうちのいくつかは試したことだってある。

でも、それだけで上手くいくほど、ラーメン屋は簡単じゃないんだ。

だから、この本には「こうやったら上手くいきますよ」なんて甘い言葉はまったく書いてこなかったし、反面教師にしてほしくて、「これだけはしてはいけない」という失敗談を意識的にたくさん放り込んできた。

まぁ、明確な正解なんてラーメン業界には存在しないので、「してはいけない」を繰り返していても、奇跡的に成功するケースだってあるだろう。

ただ、ひとつだけ間違いなく忠告できること。

それは「俺みたいに意地だけは張るな!」である。

この世界の厳しさを裏付けるために、俺はいろんなデータもお伝えしたけど、ここであらためて確認しておきたいのは、新規ラーメン店のその後だ。

「新規で立ち上げたラーメン専門店の3割が1年以内に消える」

リサーチ会社によっては「4割が潰れる」としているところもあるが、共通している数字は「3年以内に8割以上のラーメン専門店は消える」ことだ。

つまるところ、ラーメン屋を独力で立ち上げたとしても、3年後に残るのはたった「2割」にも満たないという現実だ。

ただ逆説的に考えると、「8割」の人の傷は浅かったかもしれないし、彼らには「やめる勇気」があったのかもしれない。前にも書いたけど、ウチもオープンから1年が経過した時点で店を畳んでおけば、ダメージは最小限で食い止められたんだ。

でも、俺はそこで意地を張ってしまった。資金がなければ意地も張れないけれど、貯金やベンツをスープに溶かしてしまった。

ここで終わるわけにはいかない、店を潰すわけにはいかない、と。

これはある程度、名前が売れている人間が抱えてしまうジレンマかもしれない。一般の方なら、店を潰してしまっても、ごく一部の人にしか知られることはないけれど、俺の場合「川田がたった1年で店を潰した」と世間に知られてしまうからね。そうなるとやっぱり意地を張りたくなっちゃうんだよね。下手《へた》に顔と名前も知られてしまっているから、転職をするのもいろいろと難しいんだ。

となると、店を畳んだとしても、また何か自分で事業を始めなくてはいけない。だったら、すでに数千万も投資してしまったこの店を存続させることを考えたほうがいいのではないか？

そう考えて、俺は意地を張ってしまった。

意地を張るって、簡単に思えるかもしれない。

ひたすらギブアップしなければいいんだろう、と。

プロレスではそうだった。骨が折れてもギブアップしなければ負けにはならないから、俺はリングの上でめいっぱい意地を張りまくった。

でも、ビジネスの世界では違う。

店を維持しようとしたら、とにかく金がかかる。

つまり「意地を張る＝金を遣う」ということなのである。

いや、正確には「意地を張る＝必要以上に金を失う」。つまり、意地を張れば張るほど、精神的にも経済的にもボロボロになっていくのだ。だから、これから起業を考えている人には、とにかく意地だけは張ってほしくないのだ。

俺みたいにベンツを売却し、保険を解約してまで、店を続けていくのは決して得策ではないし、「ダメだ」と感じたら、早めにギブアップしたほうがいい。

起業する前から失敗することを考えるなんて縁起でもない、という方もいるかもしれないけれど、成功するなんていう「夢」を見るよりも、ひょっとしたら失敗するかもしれないという「現実」に向き合えなかったら、俺みたいに無駄に意地を張って、苦しむ未来しか見えてこない。

だから、絶対に意地だけは張るな。

ギブアップをする勇気なんてない、という人は、そもそもラーメン屋をやろうなんて考えてはいけないんだ。

俺だけの教訓 10箇条

⑩「脱サラ」をしてもラーメン屋だけは絶対にやるな！

新規に開業したラーメン屋が10年後まで続いている可能性は、わずか1割にしか満たない。幸いにも俺の店は10年目を迎えることができたけれども、90％の店はその日を迎えられずに廃業を余儀なくされる。

その事実とまず向き合ってほしい。

脱サラをして、ラーメン屋を開業しようと、すでに辞表まで用意してしまっている人には、10年後の自分の姿を想像して、いっぺん冷静になってほしい。

このままサラリーマン生活を続けていけば、10年後もきっと安定した生活は約束される。今の時代、大きな昇給は望めないし、刺激も少ないかもしれないけど、手持ちのお金を減らすことはない。老後の不安に頭を悩ますこともないかもしれない。

次の人生を考えるのは10年後でもいいんじゃないかな。

早期退職をして、その代償として手に入れた退職金を元手にラーメン屋をやっても、10年後まで続けていける店は1割。それどころか3割の店が1年以内に廃業している。10年続いた人だって、きっと体はボロボロだろう。

どっちの人生が幸せですか?

夢だけでは食っていけない。

意地を張れば、金を失う。

何よりも開業10年目を迎えた俺ですら、決して成功しているわけではない。この現実が、この本を通じて、少しでも伝えることができたのなら、俺にとっては幸いだ。

この本の目的をあらためて伝えておきたい。

「脱サラをしても、ラーメン屋だけはやるな!」

最後まで読んでもらって、あなたの気持ちはどう変化しただろうか。それでもなお、「俺はラーメン屋をやるんだ！」というのなら俺は応援したいし、本当にやるんだったら俺を反面教師にしてほしい。

だったら、ここまで書いた甲斐があるし、「近いうちに『麺ジャラスK』に行ってみよう」と思ってもらえると嬉しいよ。

おわりに

　プロレスで「いい試合」だとお客さんに思ってもらえるのは、すごく難しかった。

　技を丁寧にひとつひとつ組み立てていっても、それがすべてのお客さんにとって「いい試合」に映るかはわからないし、その先に勝利も考えなくてはいけないので、本当にプロレスは難しい。

　それはラーメンでも変わらない。

　たくさんのお客さんに「美味しい」「旨い！」と思っていただけるように、手間をかけ、時間をかけ、丁寧にひとつひとつ作ってきたけれど、スープの味を一定に保つことだけでも、本当に大変なことだし、味覚は千差万別だから、万人を「旨い！」と唸らせるのは簡単なことではない。

　そして、同じことはこの本にも言える。

　自分が言いたいこと、伝えたいことをワーッと書いたら、あっという間に一冊分のボリュームになったけれども、いざ、書き終わってみると「あぁ、あの話を書き忘れたな」とか「ここにあのエピソードを入れたら、もっとわかりやすかったかな」という思いが次から次へと湧いてくる。

プロレスラーとしては、試合後のコメントを「何も言うことはない」で通してきたけれども、この本に関しては、あとがきのページを利用して、もう少し、俺の思いを書かせてもらいたい。


最初から順に読んでくださった方の中には「何度も同じことを口を酸っぱくして言っているから、ちょっとクドイ」と感じた人もいるかもしれない。

でもね、これが飲食店をやる上でのリアルなんだ。

さまざまな状況、さまざまな場面で「思ってもいなかったこと」が本当に繰り返し、繰り返し、起こる。

デジャヴじゃないけれど「あれっ、こんなようなこと前にもあったよな」と感じることはしょっちゅうある。でも、状況や場面が変わってしまうと、すぐには対応しきれない。それの繰り返しが今でも延々と続いている感じだ。

この「思ってもいないこと」というのが厄介なんだよ。

普通の生活を送っていたら、とても想像もつかないようなアクシデントやハプニングが次から次へと起こるんだけど、そんな想像もつかないことを、ある程度「ひょっとしたら、こんなことが起きるんじゃないか」と想定しておかないと、ラーメン屋や飲食業はやっていけない！　営業していけない！

今でこそ店も10年目を迎えて、ある程度はこれまでの経験則から「ひょっとしたら、こんなことが起こるんじゃないか？」と想定というか、予測しながら店を回していけるようになってきたけれど、オープンしたばかりの頃は、どれもこれも想定外すぎて、何度も何度も厨房で固まってしまった。やり続けなくちゃわからないこと、対応しきれないことってたくさんあるし、それだけに最初の何年かはこの仕事って、思っている以上に大変に感じるんじゃないかなって思うよ。だから、多くの人が開店してから、かなり早い段階で続けることを断念してしまうんだろうけどね。

ラーメン屋だけにはなるな、と何度も書いてきたけれど、本音を言えば、一度きりの人生なんだから「夢」を追い続けることは悪くない、と思っている。

ただ、ラーメン屋の場合、その「夢」を追い続けるために生じるリスクが、他の職種と比べても、ものすごく大きい。だから「やらないほうがいいよ」と。

それにね、人間、自分の「夢」を叶えられる人って、ものすごく少ないでしょ？　ごくごく一部の人だけでしょ、子どものころから憧れてきた職業に就けるのは。

俺は運よく「プロレスラーになりたい」という夢を叶えることができたし、さらに「飲食店をやりたい」という夢まで叶えてしまった。

傍目から見たら、ものすごく幸せに映るかもしれないけど、ここで大事なのは「夢を叶えること」＝「成功すること」ではないんだよね。

プロレスラーになりたい、という夢は歯を食いしばって道場での下積みを耐え抜けば、なんとか叶うかもしれない。

でも、そこから何年もかけて、チャンピオンベルトを巻き、多くのお客さんからメインイベンターとして認めてもらえるようになって、はじめて「成功した」と呼ばれる部類にようやく入ることができる。本当の意味で「夢が叶った！」といえるのは、そこまで到達した人間だけだと思う。

ラーメン屋も同じだ。

ある程度の開店資金さえ用意できれば、極端な話、誰だってラーメン屋にはなれる。でも、それで夢が叶ったとはいえないでしょ？　成功しなかったら、やっぱり夢半ばで挫折した、ということになってしまう。

結局、この本に書いたのはそういうことだ。

夢を追ってラーメン屋になったとしても、本当に大変なのは、そこから先ですよ、と。他のマニュアル本には成功談ばっかり載っているけど、そんなものは本当にレアなケースであって、決してデータが１００％とは言えないけれども、10年続けることができるのは、わずかに１割の店だけ、という現実がすべてを物語っている。

夢、夢って書いてきて、ふっと頭に浮かんだのが「もし馬場さんがまだ生きていて、俺の料理を食べに来てくれたら、どんな感じだったのかな？」ということ。

俺が店を出したのは馬場さんが亡くなってから10年近く経ってからのことだったから、本当に夢物語なんだけど、あの入口から馬場さんが入ってきて、俺が作る料理が出てくるのを待っている、という光景を思い浮かべただけでも、なんだかワクワクするよね。俺は馬場さんには、たとえリングに上がれなくなったとしても、いつまでも元気でいてほしい、と思っていたから、その夢が現実のものになっていたら……なんて考えてしまう。

それは馬場さんだけじゃなくて、先輩の三沢さんにしてもそう。俺の料理を高校生の時から食ってきた三沢さんは、なんて言ってくれるかなって。

　でも、それはあくまでも夢の話で、現実を考えたら、やっぱり何度も何度も足を運んでくださったお客さんたちに感謝の言葉を述べたい。

　よく飲食業の常識として「一見《いちげん》さんを大事にしなさい」といわれるけれど、それはあくまでもカッコをつけた言葉であって、一見さんというのは、ほとんどの場合、本当に一回だけ店に来て、それで終わってしまう。特に俺みたいにある程度、名前が出ている人間が店を出した場合は、その傾向が強い。

　そういえば、これは本文で触れるのを忘れてしまったんだけど、店をオープンするにあたって、ひとつ、大きな誤算があった。

　本当はオープン時には「プロレスラー・川田利明の店」という看板を前面に押し出さず、ひっそりとスタートさせるつもりだったんだよ。地元のお客さんを相手にゆっくり始めて、オペレーションが完璧になったところで宣伝しよう、と。

　それがオープン前に「あの川田利明が店を出す」という情報がネットに漏れてしまい、それがあっという間に広まってしまった。それはいい宣伝にはなったけれど、不慣れなところにたくさんのお客さんが集まったことで、結果として、低評価に繋がってしまったのは、本当に誤算だった。

これもさっき書いた「思ってもいないこと」が起きた一例かもしれないけど、思うようにならないことを、いかにして受け止めて、それをプラスに転換するのかも、経営者のセンスのひとつなんじゃないかな？

そういう意味では、俺はセンスが足りないんだろうね。

この本で「意地だけは張るな！」と書いているけれども、いまだに俺は意地を張って、店を続けている。

プロレスラーの俺を知っている人からすれば、それも「川田利明らしい」になるんだろうけど、経営者としては、こうやって意地を張り続けていることは、決していいことではない。でも、そうやって「川田利明らしい」と思ってくれているお客さんがひとりでもいてくれるんだったら、10年間、やり続けてきたことに間違いはなかったのかな、と。成功したとは思っていないけど、そうやって前向きに考えることができる、そして自分がやりたいラーメン屋を続けられているってことは、とても幸せなことなのかもしれない。

とにかく、この本には俺の失敗談が山ほど載っている。

それを読んで「バカだなぁ、コイツ」と笑ってもらってもいいし、最後まで読んで、やっぱりラーメン屋を諦めきれない、という人には、あなたにも「バカだなぁ、コイツ」と笑われるようなことが、毎日のように待っているんだ、という覚悟を決めてほしい。きっと、他のマニュアル本では、そういうみっともない部分は教えてくれないと思う。でも、それこそが現実であり、飲食店の真実。夢を見るのは簡単だけど、夢を叶えるのはとても難しいんだ。

もしも、この本を読んで、ラーメン屋を始めた人で、俺の失敗談を反面教師にして、行列のできる店になりました、という人がいたら、ぜひ出版社まで連絡してください。正直な話、俺はその読者の方の店に行って、その成功談をたっぷりと聴かせてもらいたいぐらいだよ（笑）。いつか、そういう反響があればいいな……と夢想したところで筆を置かせてもらおう。さぁ、今日も仕込みから始めようか。

２０１９年９月

「麺ジャラスＫ」店主　川田利明

麺ジャラスK

住所：東京都世田谷区喜多見6-18-7 ビスタ成城 1F
アクセス：小田急小田原線「成城学園前」駅から徒歩約12分
定休日：火曜日
営業時間　昼12：00～14：00（オーダーストップ13：30）
夜18：00～21：00（オーダーストップ20：30）
都合により異なる場合もあり。
最新情報については、「X」（旧Twitter）をチェック。
Xアカウント：麺ジャラスK店長 川田利明　@orenooudou

川田利明（かわだ としあき）

1963年12月8日生まれ。栃木県下都賀郡大平町（現・栃木市）出身。高校ではレスリング部に所属し、国体優勝後の82年3月に全日本プロレスに入団。同年の10月4日、冬木弘道戦でデビュー。87年には天龍源一郎の「天龍同盟」に加入し、世界最強タッグ決定リーグ戦の奮闘などで大きな注目を集める。その後、高校時代の先輩である三沢光晴と「超世代軍」を結成。ジャンボ鶴田や強豪外国人レスラーに果敢に闘いを挑む。94年、第12代三冠ヘビー級王者に。三沢、小橋建太、田上明との闘いは「四天王プロレス」と呼ばれ、全国のプロレスファンを大いに興奮させた。現在、レスラーとしてはリングから遠ざかっているが、2018年からは自身初のプロデュース興行となる「Holy War」を開催。プロレス界の発展に尽力している。10年6月12日、ラーメンと鶏の唐揚げを看板料理に、自身のニックネームにちなんだ「麺ジャラスK」を開店。

本書は2019年9月にワニブックスより刊行された単行本『開業から3年以内に8割が潰れるラーメン屋を失敗を重ねながら10年も続けてきたプロレスラーが伝える「してはいけない」逆説ビジネス学』を改訂・改題し、文庫化したものです。

宝島
SUGOI
文庫

プロレスラー、ラーメン屋経営で地獄を見る

（ぷろれすらー、らーめんやけいえいでじごくをみる）

2024年5月21日　第1刷発行

著　者　川田利明
発行人　関川 誠
発行所　株式会社 宝島社
〒102-8388　東京都千代田区一番町25番地
電話：営業 03(3234)4621／編集 03(3239)0927
https://tkj.jp
印刷・製本　株式会社広済堂ネクスト

First published 2019 by WANI BOOKS CO., LTD.
ISBN 978-4-299-05460-9